上海教师教育丛书
知新书系

学做课例研究
——一位小学科学教研员的笔记

张 敏 著

上海教育出版社
SHANGHAI EDUCATIONAL
PUBLISHING HOUSE

上海教师教育丛书编委会

主　　任　李永智　尹后庆

编　　委　（以姓氏笔画为序）

王　平　　王　洋　　王　涛　　戈一萍
卞松泉　　尹后庆　　宁彦锋　　朱益民
刘　芳　　闫寒冰　　孙　鸿　　李永智
李　蔚　　杨　荣　　杨振峰　　吴　刚
吴国平　　陈小华　　陈永明　　陈宇卿
陈　军　　邵志勇　　周增为　　赵洁慧
姜　虹　　恽敏霞　　袁振国　　奚晓晶

策　　划　吴国平

总　序

教育改革的步伐已经进入了关注教师发展的新阶段。不是因为课程改革已陷于制度性疲倦，不是因为评价改革终将受制于社会发展的瓶颈，也不是因为我们拥有超过千万的中小幼教师队伍，每年有数十万计的青年人正在进入这个领域。课程也好，评价也罢，根本上它们都内在于教师。拥抱"教师的年代"，不在于讨论有多少以教职为生计的人，而在于如何拥有师者的内在品质，值得学生效法，使自己从一名教者成长为一名真正的师者。

关注教师是国际教育改革的普遍趋势

制度化教育确立以来，课程长期占据着学校教育的中心地位。直到20世纪60年代，国际教育界才开始把视线转向教师。这是由于课程、教学、评价、管理这些学校层面的所有改革，最终都离不开教师。尽管半个世纪以来，教师职业到底算不算专业还存有不同的看法，但关于教师的专业化问题持续受到广泛关注。

中国向来具有别于西方的教育传统。中国古代教育有重教师、轻课程的传统，唯这种传统并未演化成现代意义上的教与学的机制，更未形成制度化的学校，因此循着传道授业解惑的路径发展教师素养的希冀，愿望虽好，但缺少登梯之阶，难以形成规范。近年来，随着教育国际交流的增进，尤其是上海学生在PISA项目中的表现，引来国际社会对中国教师组织化程度经验的关注，其中教研组和集体备课被认为是两大亮点。因为在西方，教师的教学行为被认为是从属于个人的专业行为，即便是同行也不得任意干预，可以想见，其结果便影响到授业与指导经验的传播。问题是，中国学校教研组的形式究竟以怎样的方式引导教师提升专业能力，尚缺乏充分的论证和公认的成果。理论上来说，一个组织如果确实发生了影响，既有可能是正面积极的，也有可能是负面消极的。教研组对于教师的影响，既未被证实也未被证伪，能否成为经验尚待科学论证。至于集体备课，从不久前在上海对近八千名中小学幼儿园教师所进行的问卷调研显示,面对庞杂的课程事实和众说纷纭的教师要求,一大批成长期的教师从茫然不知所措,到随波逐流;而所谓"成熟期"的教师则顾影自盼地停留在自我经验的世界中,真正知识讲授型教师则难觅踪影。教师发展的局限已成为深化课程改革的短板,这样的局面不改变,教育质量有大滑坡的风险。

教师的成熟需要积累丰富的社会实践

在汉语中,我们把师者称为"老师",一般解释其中的"老"无义,表尊敬。其实《荀子·致士》中强调了做老师有四个条件,其中一条曰"耆艾而信,可以为师"。古人把五十岁的人称为"艾",把六十岁的人称为"耆",把七十岁的人称为"老"。这或是"老师"称谓的早期由来。可见,年龄本是成为教师的一项先决的基本条件。只是在制度化教育出现以后,尤其是以分科为特征的知识传授成为学习的基本形式形成以来,这种年龄的限制才被取消。

古人为什么会对为师者设置年龄限制?是因为教师的职业属性是一名"杂家",这样的"杂家"不经过长期的、丰富的社会实践积累,是难以炼成的。在今人眼里,"杂家"似乎意味着专业程度低人一等。其实,无论是在古代中国还是在近代西方,强调的都是社会中的个体应具备多方面的才能。孔子所谓的"君子不器"不是在谈"杂家"吗?而马克思关于人的全面发展又何尝不是在谈"杂家"呢?及至当代,"把一个人在体力、智力、情绪、伦理各方面的因素综合起来,使他成为一个完善的人,这就是对教育基本目的的一个广义的界说"(《学会生存》)。这句话表明"杂家"较之于"专家"更近于"完善的人"。教师面对的是多姿多彩的学生,每个学生都有各自的阅历,他们的家庭、他们的生活、他们的所见所闻都不尽相同,每个学生都是一个完整的世界,每个学生又都是一个独特的世界。教师要想成为学生精神生活的指引者,自己必须是一个精神生活丰富的人。而精神生活丰富的基础就是有渊博的知识,不仅是专业知识,而且是与之相关的各方面的知识。

岗位成长已成为教师专业发展的共识

我们拥有成熟的师范教育体系,拥有完备的教师任职制度,是否就意味着我们拥有了优秀教师的培养机制？想要回答这一问题，须明了教师是师范院校培养的吗？教师资格认证制度是从教的当然资质吗？

教师知识与技能的习得途径主要有三种：一是书本阅读，二是课堂知识传授，三是实践体悟。前两种可以通过岗前培养与训练获得，后一种则需要在岗锻炼习得。这就意味着，一名真正合格的教师无法在职前培养中完成，亦无法依靠教师资格认证制度自然解决。这也可以解释为什么近年来相当数量的示范性高中多从综合性大学招收新任教师，是示范性高中教学要求低，还是这些学校无视教育的专业属性？答案显然不是。教师的专业性主要不在于"知"，而在于"行"，即一名教师在从教岗位上的实践、探索、体验、反省和觉悟。可以认为，教师是在岗位实践中自我型塑的，师范院校也好，综合性大学也罢，都不过是为一名教师从教所做的预判性准备。

所谓教学，不是教师从书本上把知识搬家一样送到学生面前，它必须融入教师自己的透彻理解，没有教师的透彻理解很难有学生的透彻理解，以其昏昏使人昭昭的事在教育上是难以发生的。在教师透彻理解的基础上，还必须考虑知识传授的方法。采取什么样的方法，除了教师的个人喜好外，还涉及知识的难易程度、学生的接受程度以及教学资源的承受能力等因素，取舍之间，包蕴着非常丰富的个性化知识。一名真正的优秀教师拥有丰富的个性化知识，犹如中医问诊中的察颜把脉。这种知识无法仅仅通过书本研读和知识传授获得，需要通过实践不断揣摩，从而得到一种内化了的知识。显然，它是一种非常个人化的特殊知识，需要教师在对每个学生"辨症"施教中不断积累，其习得主要依赖于教师的个人努力。由此，可以得到一条简单而又明确的结论：帮助一名从教者，使之成为一名真正的师者。可以说，帮助数以千万计的从教者，使其早日成长为师者，这是今日中国教师教育领域的一项重大课题。

助推教师成为教育的思想者、研究者、实践者和创新者

国家兴旺，教育为本；教育优先，教师为基。持续了半个世纪的教育改革浪潮把教师发展推到了历史的前台。在当代教育的历史进程中，教师不是单纯的任务执行者，而是教育的思想者、研究者、实践者和创新者。在专业发展

的路径上,教师的主体地位、精神和意识得到了时代的推崇,教师专业化发展和对教师的重新发现将对教育产生重大影响。可以说,教师问题的重要性已无须讨论,而应考虑如何实践。

新一轮课程改革呼唤着教师创造性地施行教与学的行为。吊诡的是,一大批被应试熏陶出来的青年走上讲坛,他们却被要求培养有创新能力的学生。面对变化了的教学材料和教学要求,是施教者的一脸迷茫和不知所措。英国教育家沛西·能曾说过,教师是学生学习的最大动力。问题是,迷茫中的施教者如何才能让自己成为学生学习的动力呢?

基于上述认识,由上海市师资培训中心主持,联合上海师范大学、华东师范大学以及上海教育出版社等单位,倾力研发并打造了这套"上海教师教育丛书"。本丛书由"知会书系""知新书系"和"知困书系"三部分构成,分别聚焦新教师的教学规范、校本的教师研修经验以及优秀教师的成长启示,旨在从岗位上助推有资历和创造性的教师成长,这是我们的理想和愿望。

鉴于本书系不仅是上海也是国内自改革开放以来第一次全面系统开发的教师在岗培训教材,限于能力和水平,在编写过程中尚有诸多局限和不足,乞教于方家,不吝批评指正!

上海教师教育丛书编委会
2017 年 4 月

前　言

2018年8月29日,我收到了世界课例大会2018北京组委会的邀请函。组委会邀请我参加大会子主题"课例研究与教师专业发展"的口头陈述。本次大会的主题为"课例研究与教师教育:国际对话"。我递交本次大会的论文,题为《区域教研活动课程化的实践研究——以小学科学为例》,摘要如下:

教研活动课程化旨在重构教研内容,解决当下教研活动中存在的随意性、缺乏系统性和针对性的问题。教研活动课程化是教研活动实施者基于教师发展需求,与教师合作开展的以明确的目标、适切的内容、有序的实施和恰当的评价为特征的教研活动课程行动。

上海市青浦区小学自然学科经过几年的探索,尝试将教研活动课程化,对教研内容进行整体规划和设计。该研究以"制造认知冲突—帮助建立关系—支持自觉行动"为技术路线,突出问题、设计、启动、卷入、反思、内化等关键要素,强调实证调研、目标导向、内容再构、互动体验、实践反思、讨论分享。

其一,关注教师本体性知识与技能的训练;其二,强调教师学科教学知识的获得。前者主要通过让教师回到课堂再学习的培训活动来实现,后者主要通过让教师参与课例研究活动来实现。

结论:教研的过程,不是指导者用理论去阐述并传授给教师一些基本技能和方法的过程,而是教师以研究为基础的行动过程。在这个过程中,教师要去质疑、反思已有的做法或经验,厘清一些观念,重组个人的经验。

2003年12月,教育部基础教育司"创建以校为本教研制度建设基地"项目在上海正式启动,上海以八区联动的方式推进这项工作。事实上,早在2002年年初,上海市教育科学研究院(以下简称上海市教科院)顾泠沅老师带领专家团队就在上海市青浦区选定六所中小学,把小学数学、中学数学、中学物理、小学自然作为样本开展了研究。研究成果表明,教师在教育行动中获得了成长。之后,以课例研究为载体的行动教育,作为教师在职学习的一种革新范式,在校本研修中得到广泛关注并得以推广和应用。当年,青浦区实验小学自然学科教研组参与了这项研究。但是,当时的我还是一名基层学科教师,没能直接参与这项研究,只能间接从书本上获得经验。所幸2009年伊始,我所在的青浦区教师进修学院邀请了上海市教科院王洁博士等专家指导开展"教研员参与式"培训工作。在实践中,作为新手教研员的我对于课例研究关键步骤有了较为清晰的认识。

这些年,带着教师开展课例研究的过程,也是加深我和伙伴们对小学自然学科再认识的过程。在针对一个个课例研究主题的深入讨论中,我们不断地站在学生的立场去观察课堂、理解学生。培养学生的科学素养,引导学生与自然相伴是我们的终极目标。建设一支学科教师专业团队是我们的共同追求。本书就是我们认识并实践课例研究的缩影,共分四章。

第一章围绕课例研究的内涵与作用进行阐述。第一节主要介绍了课例研究的相关研究成果。第二节对课例、案例、课例研究等概念进行了辨析。

第二章呈现了开展课例研究的六个重要步骤。从如何准备到具体实施,再到成果分享,条分缕析,并分六个小节依次展开,分别是确立研究主题与选课、小组分工与工具设计、学习前测与后测设计、课堂观察与问题诊断、基于证据讨论与反馈、课例研究报告的撰写。

第三章剖析了青浦区小学科学团队研究的几个典型课例。我们聚焦目标导向、概念进阶、导学单、科学解释、资源与环境、长周期探究等研究主题,关注教学中存在的实际问题,不断深化团队对学科内涵与教学实质的认识,形成了"优化目标—概念分解—精准活动—过程评测"等教学策略与实施路径。

第四章梳理了青浦区小学科学团队以课例研究为载体的教研活动在设计与实施两方面的探索,突出了教研活动课程化的特点,强调了教研活动的循证意识。在这个过程中,我们通过行动教育促进了学科教师的专业发展,通过案例陈述介绍了促进不同阶段教师成长的三步走做法,即"学中思,走研究之路;传帮带,做他人嫁衣;出声响,创特色品牌"。

我们希望通过课例研究为教师创设一个安全、可信任、允许犯错的环境。在课堂观察和评价的过程中,我们把教师"教"与学生"学"的过程以及情感、态度等不可观察的因素等都看成重要资源,进行恰当的评价,给出改进的建议。这种化被动为主动的教学评价受到了教师的欢迎,使更多教师主动开放课堂,不再处于有教无研、有教难研的尴尬状态。

　　教研和培训各有其独特的功能和价值,都在教师专业发展的历程中发挥着不可或缺的作用。两者的融合与优势互补,能对教师成长起到更大的促进作用。我们运用以课例研究为载体的行动教育理论,将教师的学习从"象牙塔"转向中小学校的真实课堂,使教师把理论知识应用与实践智慧学习有机结合起来。这样,教师不再是理论知识的被动接受者,而是实践智慧的主动建构者,最终走向自觉的专业发展。

张　敏

2019 年 6 月

CONTENTS | 目录

第一章 课例研究概述 > 1

第一节 课例研究入门 > 3
第二节 课例研究概念辨析 > 10

第二章 课例研究过程 > 15

第一节 确立研究主题与选课 > 17
第二节 小组分工与工具设计 > 20
第三节 学习前测与后测设计 > 24
第四节 课堂观察与问题诊断 > 35
第五节 基于证据讨论与反馈 > 38
第六节 课例研究报告的撰写 > 40

第三章 典型课例研究 > 49

第一节 以目标导向为核心的课例研究 > 51
第二节 以概念进阶为核心的课例研究 > 71
第三节 以导学单为核心的课例研究 > 81
第四节 以科学解释为核心的课例研究 > 97

第五节　以资源与环境为核心的课例研究　　> 111

第六节　以长周期探究为核心的课例研究　　> 123

第四章　课例研究行动　　> 139

第一节　以课例研究为载体的教研设计　　> 141

第二节　以课例研究为载体的教研实施　　> 159

第三节　课例研究与学科教师专业发展　　> 182

后记　　> 211

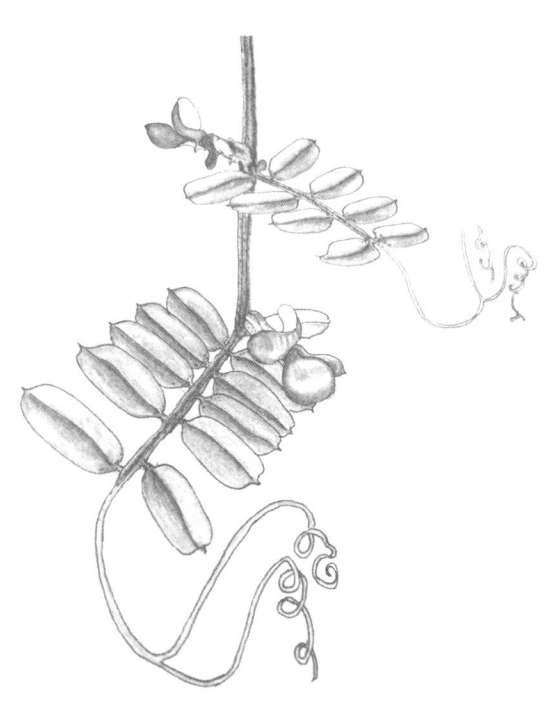

第一章
课例研究概述

本章围绕课例研究的内涵与作用进行阐述。第一节主要介绍了课例研究的相关研究成果，主要包括学科教学知识的概念、课例研究的起源、行动教育的观点、课例研究的最新发展。第二节对课例、案例、课例研究等概念进行了辨析，厘清了课例和课例研究的特征。

第一节

课例研究入门

一、学科教学知识成为国际上教师教育的重点

20世纪中后期,随着对教师专业化研究的深入,诸多学者的研究成果都表明,单纯从理论研修入手的教师培训效果并不明显,而立足教学实践的教师现场观摩研修则是将理论融入实践、促进教师专业持续发展的必要途径。

经过多年的研究,时任美国教育研究会主席的斯坦福大学教授李·舒尔曼(Lee S.Shulman)于1986年提出了一种教师专业知识分析的新模型。他认为,作为专业人员的教师的知识应包括七个层面:(1)学科知识;(2)一般教学知识;(3)课程知识;(4)学科教学知识(又称教学内容知识,pedagogical content knowledge);(5)学习者及其特点的知识;(6)教育情境知识;(7)关于教育的目标、价值以及它们的哲学和历史背景的知识。他提出了一个全新的概念,即学科教学知识,并将其界定为"教师个人教学经验、教师学科内容知识和教育学的特殊整合",是"教师最有用的知识代表形式"。李·舒尔曼的学科教学知识概念很有独创价值,但还是比较笼统,不易把握。此后,格罗斯曼(P.L.Grossman)在研究中进一步将学科教学知识细化为四部分:(1)一门学科的统领性观念——关于学科性质的知识和最有学习价值的知识;(2)学生对某一学习内容理解和误解的知识;(3)特定学习内容在横向、纵向上组织和结构的知识;(4)将特定学习内容显示给学生的策略知识。李·舒尔曼研究的价值在于提出了一种在教师专业知识结构中处于核心地位的知识。学科教学知识既不是学科知识,也不是一般教学知识,而是一种"把特定的学科知识教给特定的人的知识"。借助它,学科专家与教学专家得以区分,高成效教师与低成效教师间的隐秘差异得以揭示。教师知识的基础模型被构建后,特别是其核心成分学科教学知识被揭示后,教师的教学技能渐渐被清晰系统地发掘,国际上推行的教师资格认证以及教师专业教学技能培养更具科学性和可操作性,学科教学知识也成为教师教育的重点。

二、倡导行动与反思的课例研究受到许多国家的重视

课例研究起源于 20 世纪 60 年代中期的日本,在日本被称为授业研究(lesson study),是教师在职校内培训(konaikenshug)的主要形式。后来,日本政府开始意识到教师在职校内培训工作的重要价值。这项当时还很不起眼的基层活动便在政府鼓励下在所有的学校推广开来。日本教师把课例研究当作促进自己专业发展的一种方式,当作自己教育生活中不可或缺的一部分。他们认为,课例研究可以帮助教师从千头万绪的工作中跳出来,暂时抖落身上的风尘,在这种自身反观中清醒地发现自己教学技艺上的优缺点,借此总结教学经验,提升教学水平,丰富教学知识,提高教学技巧,完善知识储备,不断校正教学状态。他们认为,有效的课例研究至少对学科教师有以下几个方面的益处:促使教师以一种有深远意义的方式深入思考一些关键的问题,认真思考面向学生的长期教学目标;给教师提供深化教材知识的机会和在观摩学习中吸收同行宝贵教学经验的机会;有利于促进教师达成对教学的深度理解,培养教学知能;在教师中间营造合作的学习氛围,培养教师合作学习的能力;培养教师观察学生的能力,让他们有更多机会从学生的角度考虑教学问题。日本学者佐藤学(Manabu Sato)也把开展校内教研活动视作改变一所学校的不二法门,他倡导"教师敞开教室的大门,进行相互评论",他呼吁"毫不迟疑地简化学校的组织和机构",把校内教研活动作为学校运营的重点,为了通过教学研究来改变学校,"最少 100 次的授课案例研究"是教师专业成长中必须经历的培训。

三、"行动教育——教师在职学习的范式革新"研究[*] 为开展校本研修提供有效借鉴

2002 年,上海市教科院对青浦区部分中小学 311 位教师进行了问卷调查(回收有效问卷 295 份)。"教师需要有课例的专业引领""教师需要行为跟进的全过程反思"这两个结果引起了关注。

如何让教师的需求在过程中提升?让我们看一则课例。

---

[*] 这项教改研究的基地就在上海市青浦区,小学自然学科为当时先行学科之一。原青浦区教师进修学院小学自然学科教研员张颂奎、实验小学自然教研组组员严天民、徐林忠、徐剑兰参与研究和实践。

从告诉事实到组织观察

——小学自然"淀粉"片段"淀粉遇碘酒变为蓝紫色"[①]

现代自然科学课程理念指明,亲身经历以探究为主的学习活动是学生学习科学的主要途径,因此课程应教给学生科学加工的方法,给他们提供一种思想工具。

小学自然"淀粉"是一堂带有实验的课,其中"淀粉遇碘酒变为蓝紫色"是一个重要的教学内容。按照以往的教学方式,教师通常会拿出事先准备的淀粉,在告知学生淀粉的性质后做一个教学演示,将碘酒滴在淀粉上,验证淀粉特有的性质——遇碘酒变为蓝紫色。

参加我们行动计划的徐老师,她上的课与以往相比已经有所改变。在她的课上,学生被调动起来,不停地随着教师的指令动手做实验。可是,如果仔细分析,就会发现学生的行为实际上是对教师指令的被动回应——把指定的液体(碘酒)滴在指定的物品(淀粉)上,使之产生一种预定的变化(变为蓝紫色)。这样做,看似在让学生观察与探究,实质上仍然停留在"告诉事实,验证结论"层面。学生没能亲身经历主动观察与探究的学习活动,思维活动量明显不足。

针对上述情况,在改进课上,教师将使用的液体增至黄酒、酱油、碘酒三种,物品改为马铃薯、盐、面粉、米饭、糖,然后放手让学生在各种液体与各种物品之间一对一"找朋友",思考哪种液体碰到哪种物品会发生新的颜色变化,如图1-1所示。教师组织学生观察,让学生通过亲自分类、鉴别,发现淀粉特有的性质。众所周知,分类与观察是科学探究的重要步骤,学会运用这种分类、鉴别的思想工具比知道某个特有的性质更为重要,改进课在达成这一目标上有所突破。

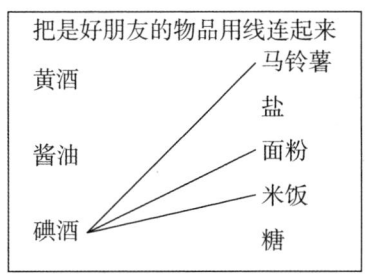

图1-1 "淀粉"一课学生的连线作业单

[①] 王洁,顾泠沅.行动教育:教师在职学习的范式革新[M].上海:华东师范大学出版社,2007.

改进前后的课有没有本质区别？我们将两堂课所做实验的有关记录材料甄别为教师演示实验、学生模仿实验、学生探索实验三类，并对各类所用时间及其占比进行了统计，结果如表1-1和图1-2所示。

表1-1 课堂实验方法与水平的改变

实验类别	改进前		改进后	
	时间(分)	百分比(%)	时间(分)	百分比(%)
教师演示实验	5.80	17.36	6.53	34.59
学生模仿实验	24.43	73.14	0	0
学生探索实验	3.17	9.50	12.35	65.41

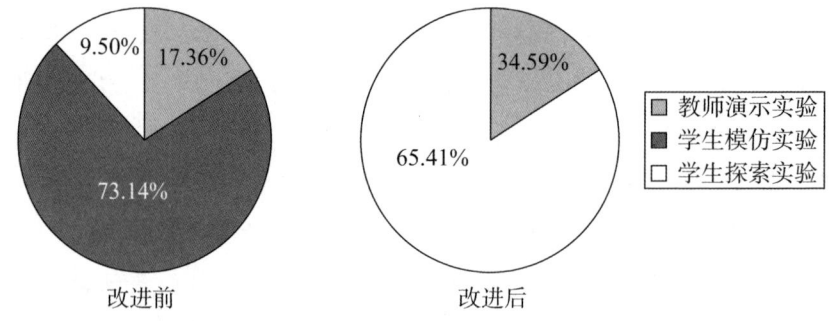

图1-2 课堂中不同类别实验改进前后的分析

从表中数据可以清楚地看出：在改进后的课中，学生探索实验的时间占比从原来的9.50%增加到65.41%，而学生模仿实验的时间占比却从原来的73.14%减少到0，变化十分明显。

(一) 通过教师与研究者的合作平台，解决专业引领问题

这个课例展现了教师与研究者在理论学习、教学设计、行为反省三个合作平台上有益的互动与互补。实际事例表明，研究者擅长对学科知识的本质理解和对学习方式内涵的深刻把握，但对常态的学校生活了解不够；教师的优势在于对学生的了解深入细致，教学技巧熟练，尺度把握得当，但容易局限于自身已有的经验。教师与研究者的亲密合作，恰好能弥补各自的欠缺，有利于双方从自身的角度思考，倾听不同的声音，提供不同层面的资料，以互补、互惠的方式，建构个人的专业理论与知识，促进各自的专业发展。而从行动教育的宗旨看，只有两类人员相互合作，才能取得专业引领的最佳效果。

(二) 通过三个阶段，解决行为跟进问题

行动教育的基本模式包含三个阶段：(1) 原行为阶段，关注个人已有经验的教学行为；(2) 新设计阶段，关注新理念、新经验的课例设计；(3) 新行为阶段，关注学生获得的行为调整，如图 1-3 所示。连接这三个阶段活动的是两轮有引领的合作反思：(1) 寻找自身与他人的差距，反思已有行为与新理念、新经验的差距，完成更新理念的飞跃；(2) 寻找设计与现实的差距，反思理性的教学设计与学生实际获得的差距，完成理念向行为的转移。

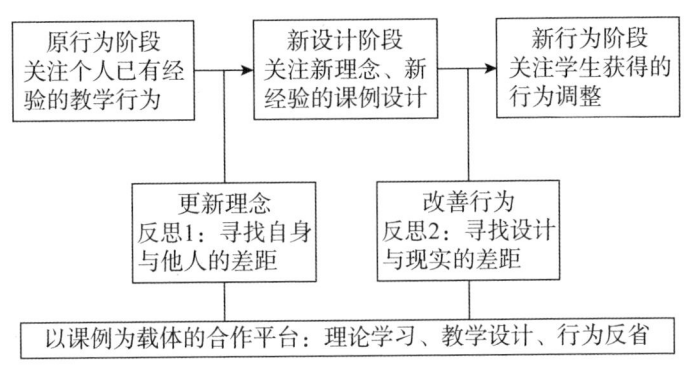

三要素：自我反思、同伴互助、专业引领

图 1-3 行动教育的基本模式

在各个学科的行动计划中，为职初教师和有经验教师共安排了三轮课。必须说明的是，这里的每一轮课并不只有短短的 30 至 40 分钟的课，还有围绕 30 至 40 分钟的课开展的一系列研究活动。为充分了解教师的教学经验与风格，第一轮课不受任何干扰，是教师的原行为阶段。第二轮课前，研究者积极介入教学设计，这种介入既是对教师已有教学行为、习惯的冲击，又是理念与经验的对话过程。教师的第二轮课也成为新理念之下的新课，是教师的新设计阶段。第三轮课是教师在前两轮课行动实践与行为反省的基础上进行的，更多地关注如何通过对前两轮课的改善，缩短理念与现实之间的差距，实现理念与经验的整合，是教师的新行为阶段。

四、课例研究的最新发展让教师成为研究者变得更具现实意义

由世界课例研究协会主办、北京师范大学承办的世界课例大会于 2018 年

11月23至26日在北京举行。这次会议以"课例研究与教师教育:国际对话"(lesson study and teacher education:international dialogue)为主题。这次会议的主办方系世界课例研究协会(world association of lesson study)。它由香港教育学院(现为香港教育大学)的学习研究与学校合作发展中心(center for the development of learning-study and school partnership)在2005年发起,2006年正式成立世界课例研究协会,旨在推动聚焦课例研究的研究与实践,以此提升教与学的质量,并为协会成员提供一个研究合作、相互协助、信息交流的平台。该协会聚集了来自世界各地的关注课例研究的顶尖学者,在国际上具有很强的专业影响力。

近年来,日本的课例研究(lesson study)、中国香港地区的课堂学习研究(learning study)和上海市的行动教育(action education),作为国际上教师在职研修的三种有效模式引起了广泛关注。上海学生在经济合作与发展组织国际学业测试PISA上的优异表现,引起国际学术界和教育界的关注,不少学者都把这一优异表现归功于上海学校普遍开展的教研活动。世界课例研究协会主办的国际性学术期刊《国际课例与学习研究期刊》更是在2017年第4期推出"中国课例研究的理论与实践"特辑,强调对中国经验的关注。

进入20世纪90年代,经济合作与发展组织发表的相关研究报告,赋予了教师专业发展新的内涵。学校既是学生学习的场所,也是教师专业发展的阵地。教师专业化发展就是要在学校教育过程中使教师和学生都获得成功。[①]

21世纪伊始,经济合作与发展组织启动教师政策研究,在研究报告中进一步提出了"教学有其无可替代的专业性,是使所有其他专业成为可能的重要专业""研究型教师的培养关乎国家核心竞争力"等观点。2012年的相关报告中强调,学生在学业成就上的卓越表现往往与教师过硬的专业素质密不可分;在促进教师专业素质提高的各种策略中,组织教师在教学的过程中研究教学和改进教学无疑是最为关键的举措。

教师发展与教学研究息息相关。教师即研究者,是教师专业化发展过程中具有里程碑意义的论断。由这一论断所引发的教师专业化运动在整个教育领域的运动中都处于中心地位。这被认为是后工业时代社会大变革的一个部分,因

---

① 胡庆芳.课例研究我们一起来[M].北京:教育科学出版社,2014.

为教师不再处于边缘化的地位。教师的教学工作是否具有研究的性质,关键在于教师是否正确地理解了教学。如果仅仅从知识传授的角度去理解教学,教师充其量只能算是一个技艺娴熟的教书匠。如果从促进每一个学生健康快乐成长和个性化发展的角度去理解教学,教师就需要时时处处研究自己面对的学生,从学生的需求出发设计有意义的教学旅程,教师的教学实践也就总会绽放出研究和创造的理性光辉。

第二节

课例研究概念辨析

作为一线小学科学教师成长的 20 年间,我听过很多优秀教师上的公开课,自己也上过数十堂公开课。每一堂公开课都教会我一些知识,但这些知识通常都是默会知识,很难经过提炼后进行推广。在调研过程中,我时常听到一线教师感慨:"公开课很难复制。很多时候,公开课结束了也就结束了。"以往,我们也进行过"集体磨课",但大多局限于小范围之内,且成效不大。磨课后,很多教师的教学仍未有明显改观。他们不理解这样的"集体磨课"与行动教育中以课例为载体的"三关注两反思"有什么区别,也不理解"集体磨课"的意义。为了解答教师在实践中遇到的这些问题,在本节中,笔者将具体剖析课例与教案、课堂实录、案例、关于课堂教学研究的论文、课例研究的区别。

一、课例与教案、课堂实录的区别

课例是指实际发生的教学事例,是对某一个教学问题或教学决定的再现和描述,讲述的是教学背后的故事。这里之所以称教学背后的故事,是因为课例体现了教师"为何这样进行教学",把教师的教学思路显性化。也就是说,课例不仅呈现了实际教学情况,还交代了教师之所以这样教学的理由和教师对某一个教学问题的认识,有研究的成分在其中。

教案是教师上课前预设的文本计划,而课例是实际发生的教学事例,这是两者之间根本性的不同。但课例在"讲述故事"时有可能运用教案来说明为何这样教学。

课堂实录是将实际发生的课堂录制下来并逐字逐句地整理为文本。它的确是实际发生的教学事例的文本,但课堂实录本身是客观的记录,从中我们不能直接看出为何这样教学,即使看出了也只是推测。原来授课的教师和研究人员教学背后的故事并不能包含在其中。而且,课堂实录的文本量比较大,一般而言,45 分钟的课堂大约需要 1 万字才可能真实地记录和刻画。

二、课例与案例的区别

课例与案例的混用最为常见。案例在教育以外领域(如医学领域)的运用由来已久,应用到教育领域,则是源于职业培训的困惑——如何沟通理论与实践。20 世纪 90 年代,教育研究出现三个动向:(1)开始注重"自下而上"的定性研究方法;(2)研究人员开始走进课堂和教师一起研究教学问题;(3)培训过程与研究过程逐渐合为一体。在这个背景下,案例研究成为教育领域的新宠。国际上运用案例进行培训最闻名的是哈佛商学院。而李·舒尔曼将其运用于教师培训,并指出,"教师所写的、其他教师可能会面临的现实世界问题的案例是对实践反思的一种强有力的工具。它们有助于教师从他人的现实故事中学会预测和解释问题"。

我们来看看上海市教科院在 2003 年前后指导过的一些课例的名称:从实物到算式的"数学化"过程——小学数学"有余数的除法";从告诉事实到组织观察——小学自然"淀粉";设计"铺垫"引导探究——中学数学"勾股定理";在"变式"体验中建构原理——中学物理"杠杆";不同理念影响下的"课堂互动"比较研究——基于"正方形的性质"教学分析;从已有概念出发演绎新知识——中学数学活动课"由正多边形引发的……";教师该为学生的探究提供怎样的支持——比较含磷洗衣粉与无磷洗衣粉对水体影响的实验设计;"水雷"揭秘与金属钠——基于真实情境进行"问题—解决"教学的一次尝试;体验"做数学"——"测量学校绿地面积"的项目学习。

从上述这些课例的名称可以看出,课例聚焦的是有学科内容的课堂教学,而非一般性的教育问题(如处理学生考试作弊问题)。所以,课例与案例的最大不同在于课例以学科教学内容为载体,如前五个课例都以课本教学内容为载体,后四个课例都以课本扩展的学科内容为载体。但课例与案例一样,都有一个研究主题。由此可见,课例是以学科教学内容为载体、具有某个研究主题的教育案例。其中,载体是课例表达观点和思想的媒介,研究主题是课例所要表达的灵魂(研究的成分)。课例与案例的关系如图 1-4 所示。

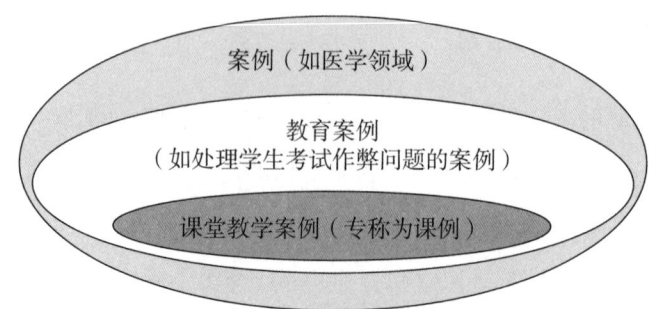

图 1-4　课例与案例的关系

从图中可以看出,案例的范围最大,在各个领域都有;教育案例不过是案例中的一类;而课例又包含于教育案例当中,只有那些以学科教学内容为载体、具有某个研究主题的教育案例才专称为课例。对课例内涵的界定,有利于我们在研究中和教师一起聚焦有学科内容的课堂教学,而非一般性的教育问题。2003年以后,教育界更多地使用课例一词,其实质正是专指这种聚焦课堂教学的研究案例,但在实际表述和运用中仍然有不少混用的现象,概念的清晰化也是把教学作为一个专门研究领域的象征。

三、课例与关于课堂教学研究的论文的区别

在基础教育刊物上,有不少关于课堂教学研究的论文,它们算不算课例呢?我们试着进行区分,以凸显课例的价值和意义。

第一类,纯粹的理论思辨型论文不算是课例。尽管有的论文本身是指向课堂教学研究的,但它们并非以某一节或几节课的教学实例为基础展开某个主题的讨论,所以不属于课例的范畴。同时,这些论文常常是大学或科研机构的专业人员写的,容易甄别。

第二类,使用了部分课堂教学片段的思辨型论文不算是课例。这类论文有一个论述的主题,而且很有可能使用了部分课堂教学片段,但是这些课堂教学片段往往来自不同的授课实录,甚至是不同学科的课堂教学片段。大量课堂教学片段不过是为了说明作者阐述的一系列观点。这些论文可能是大学或科研机构的专业人员写的,也可能是一线教师写的。它们也不是我们所指的课例。

第三类,课堂教学片段配以点评型论文不算是课例。这是常见的一种论文,

或对同一节课的不同片段分别进行点评,或对不同课的同一片段分别进行点评。对同一节课的不同片段进行点评时,评析者往往对每个片段从不同的角度加以评析。整体来看,这类论文分析课堂的视角比较宽泛,点评比较发散。有些论文本身有一个大的研究观点,但选取了不同课的同一片段从一个更小的视角加以剖析,但就每个片段而言,读者无法了解其对应的原课究竟具有一个怎样的整体授课思路。这类论文中的课堂教学片段来自一线教师的授课,点评往往是专家教师或者专业研究人员给出的。

第四类,围绕一节或几节课的教学漫笔型论文不算是课例。这类论文的作者以一线教师居多,内容往往是他们针对某一节课的课后反思,或在他们观察了一类课之后有感而发。这类论文往往比较生动、情感化、吸引人,但缺乏围绕一个主题的深入提炼,缺乏理论角度的诠释。

当然,上述四类论文中不乏优秀之作,之所以指出关于课堂教学研究的这四类论文不是课例,主要是想进一步凸显课例的根本特征,即课例以课堂教学的学科内容为载体,以某个小的研究问题为主题,讲述的是一个实际发生的教学事例背后的故事,而且教学事例的整体思路相对完整,可以看出某一节或几节课的授课过程或改进过程,可以看出这样授课或者改进的理由,当然也会有理性的提升和概括。

四、课例与课例研究的区别

课例与课例研究的区别,好比教案与教案设计的区别。我们把最后形成的成果的表达形式称为课例,把形成这个成果的过程称为课例研究。前者是静态的成果表达,后者是一个动态的研究过程。所以,我们说的课例研究往往指的是做课例的过程,我们说的课例往往指的是成果的表达形式。

第二章
课例研究过程

本章呈现了开展课例研究的六个重要步骤。从如何准备到具体实施,再到成果分享,条分缕析,并分六个小节依次展开,分别是确立研究主题与选课、小组分工与工具设计、学习前测与后测设计、课堂观察与问题诊断、基于证据讨论与反馈、课例研究报告的撰写。

第一节

确立研究主题与选课

课例研究要有主题。这个主题来自教育教学中的问题。

一、在课堂中聚焦问题,确立主题

很多一线教师在实践中发现,很难从纷繁复杂的课堂现象中找到明确的研究问题。他们时常困惑于"是先确立研究主题还是先确定选课内容"。这是课例研究过程中绕不过的一个真实问题。事实上,研究问题和研究主题都是在课堂实践中逐渐显现、慢慢明晰起来的。

在课堂中聚焦问题,可以从教学内容出发,可以从教学内容的组织出发,还可以从学生的发展水平出发。但聚焦问题时,我们要注意区分表面问题和本质问题。表2-1中的这组课例来自数学学科和科学学科(自然、物理、化学)。

表2-1 一组课例

课例名称	所属学科
从实物到算式的"数学化"过程——小学数学"有余数的除法"	小学数学
从告诉事实到组织观察——小学自然"淀粉"	小学自然
设计"铺垫"引导探究——中学数学"勾股定理"	中学数学
在"变式"体验中建构原理——中学物理"杠杆"	中学物理
不同理念影响下的"课堂互动"比较研究——基于"正方形的性质"教学分析	小学数学
从已有概念出发演绎新知识——中学数学活动课"由正多边形引发的……"	中学数学
教师该为学生的探究提供怎样的支持——比较含磷洗衣粉与无磷洗衣粉对水体影响的实验设计	中学化学
"水雷"揭秘与金属钠——基于真实情境进行"问题—解决"教学的一次尝试	中学化学
体验"做数学"——"测量学校绿地面积"的项目学习	中学数学

从这组课例的名称就能看出,它们都开门见山地交代了课例研究的主题。仔细比较,不难看出,组织者在引导教师聚焦研究主题的时候,关注的是如何解决学科中的本质问题,如数学课中的思想和方法问题、科学课中的探究方法和策略问题。这就使课例研究变得更有意义。

二、在调研中筛选问题,确立主题

除了通过在课堂中聚焦问题来确立主题,我们还可以通过问卷调查来聚焦问题。但是对于一些教师来说,确保问卷设计的科学性,常常是一个难点。下面用一个例子来具体说明如何在调研中筛选问题,确立主题。

为了整体把握青浦区学科教学现状,全面了解青浦区学科教师队伍情况,针对问题改进教研工作,提高教研员的专业水平,我们以"学科教学现状调研"为切入点进行了一次调研。

在王洁博士的指导下,我们认真研读相关课程标准,并将青浦区中小学科学学科的教学现状与之相对比。经过反复讨论,我们决定将调研主题聚焦在学科教学中过程与方法的实施方面。问卷设计时,我们刻意选用了教学实录中的一个环节,旨在了解教师对学生科学探究的认识情况,检测教师自身对科学方法的掌握情况。问卷形式上,我们选择"以具体课例中教师教学的过程与方法(情境问题)"来考查教师在学科教学中过程与方法实施方面的理念、做法、困难等。问卷内容上,中学选用的是"绿色植物如何获得能量"中"为什么叶片要局部遮盖"的实验环节,小学选用的是"食盐"中"影响物质溶解的因素"的实验环节。两项内容中都涉及"控制变量法"这样一个概念。挑选问卷内容的过程,既是一个不断加深我们对"科学知识""科学本身"的认识的过程,又是一个不断明晰学生应该"学什么""怎么学"的过程。

当我们询问教师在课堂中如何向学生解释叶片要局部遮盖的原因时,85.00%的教师表示会说明是为了"让没有光照的和有光照的形成对比"。其中,少数教师表示会让学生思考"如果不对叶片进行局部遮光处理,结果会如何"这一问题,多数教师表示会强调"设置对照实验组,控制变量"这一方法。

我们推断,让学生思考"如果不对叶片进行局部遮光处理,结果会如何"这一问题的教师,可能没有想到"设置对照实验组,控制变量"这一方法,也可能希望通过问题去启发学生的思维,让学生自己领会"设置对照实验组,控制变量"这一方法。之后,对部分教师的深度访谈结果证实了我们的想法。

我们同时对强调"设置对照实验组,控制变量"这一方法的教师进行了访谈。很多教师指出,"这是本堂课的重点,当然要告诉学生""这是重要的科学方法,必须让学生掌握"。当我们追问教师用什么方法可以让学生理解"控制变量法"时,多数教师指出:"不讲给学生听,学生怎么能理解呢?"

此外,我们注意到,在科学课上一些教师会使用"工作单"等辅助工具,采用小组合作学习等教学方法,但重形式、轻效果的问题比较突出。

"没有方法""不知道怎么处理"看来是教师在科学课上不能很好落实过程与方法目标的关键原因,而过程与方法目标的背后正是科学探究的要求。

通过调研,主要问题浮出水面,"在科学课上如何有效落实过程与方法目标"的研究主题也确立了下来,进入到选课环节。

第二节

小组分工与工具设计

基于调研中发现的问题,我们决定,以课例研究为载体,聚焦"在科学课上如何有效落实过程与方法目标"这一研究主题进行课堂改进。确定了研究问题和研究主题后,接下来要做的工作就是小组分工与工具设计。

为了确保小组分工的合理性与工具设计的科学性,我们从理论和实践两方面入手进行研究。理论方面,我们积极学习相关理论研究成果。其中,华东师范大学崔允漷教授团队从四个维度出发设计的数十项观察指标为我们的研究提供了很好的借鉴。实践方面,2009年,在王洁博士的带领下,我们来到浙江省杭州市桐庐县三合中学进行实地调研。我们发现,三合中学提前对参与课例研究的21位观察者进行了分组,其中,5位观察者加入了教学设计组,5位观察者加入了前测组或后测组,5位观察者加入了教师语言组,4位观察者加入了学生活动组,2位观察者加入了媒体资源组。分好组后,观察者就正式进入课堂。在观课时,这些观察者手里都拿着提前设计好的观察工具。比如,加入教师语言组的观察者会利用观察工具全程记录执教者的课堂语言并对问题进行分类;加入学生活动组的观察者会在一张特殊的座位表上记录下学生开展小组实验活动时执教者在教室中的巡视路线和在各小组的停留时间。这给了我们很大的启发。

在尝试性借鉴使用的过程中,我们结合自己的实践进一步改进观察工具,使其更适用于小学自然学科的课堂观察。改进后的观察工具如表2-2至表2-4所示。

表2-2 量表1——课堂语言流动

观察学校:_____ 班级:_____ 时间:_____
课题:_____ 执教者:_____ 课型:_____ 观察者:_____

注：使用时，可用符号快速记录。箭头的方向表示语言互动的流向，箭头的起点表示发问者，箭头的终点表示回答者，向上箭头表示学生提出问题，向下箭头表示来自教师的问题或反馈，问号表示教师提出问题，加号表示教师正面反馈，负号表示教师负面反馈。

量表1记录的主要是师生语言互动情况，主要包括学生提出或回答问题的情况、教师对于学生回答的反馈情况。观察者从学生发言覆盖面的统计中，可以分析出学生对于所学内容的接受程度和感兴趣程度，进而了解教师设定的教学目标是否合理和恰当。

在实际使用过程中，我们发现，因为教学活动的转换是相当快的，当教师提出一个问题后，学生的回答和教师的反馈都在很短的时间内完成，所以观察者在进行课堂观察前，首先要熟悉学生的座位安排情况（可以请执教者提供班级座位表），其次要熟悉量表的记录要求（可以阅读量表下方的说明性文字），在课堂观察中还要有敏锐的分析判断能力，及时记录相关信息。

表2－3 量表2——学生应答水平

观察学校：_____ 班级：_____ 时间：_____
课题：_____ 执教者：_____ 课型：_____ 观察者：_____

教学环节	内容		学生回答类型					
	教师提问（以原话为准，课后可以根据录像补充）	学生回答（以原话为准）	无应答	机械	认记	推理	创造	主动质疑
	总计							

量表2记录的主要是在各个教学环节中教师提出的问题、学生相应的回答以及回答类型。学生的应答情况，一方面可以反映出学生的思维发展水平；另一方面也可以折射出教师对问题的设计和对生成的处理情况。

在实际操作过程中，因为该量表要求观察者以师生原话为准，所以要求观察者在课堂观察前充分了解教学设计意图，了解各个教学环节中预设的关键性问题;在课堂观察过程中有较高的识记应变能力,及时记录相关信息;在课堂观察结束后能对学生回答类型进行初步统计,从中分析出学生学习活动的质量。

表2-4 量表3——学生小组合作学习

执教者		班级		时间		
课题				观察者		
小组基本情况				活动内容		
活动起止时间				好	较好	一般
小组合作情况	每个成员都能积极地参与活动					
	组内有明确的分工,每个成员都能完成自己的任务					
	乐于倾听他人的意见和建议,互助互学					
	敢于发表自己的见解,不盲目相信他人					
	能用自己的方式做好实验记录工作					
	小组合作氛围愉快,每个成员都能完成活动任务					
小组活动中遇到哪些困难,是如何解决的						
小组活动中存在哪些不足,是怎样改进的						

量表3记录的主要是学生小组合作学习情况。自然学科中的很多学习任务需要通过小组合作来完成,小组合作学习是学生集体学习的重要方式。量表3要求观察者选择教学过程中的一次小组活动进行观察,并对学生在参与、分工、倾听、记录等方面的小组合作学习情况进行记录,并对小组活动中学生的参与面和参与质量进行分析。

在最初设计的量表3中,我们要求观察者记录教学过程中的所有小组活动,既有小组活动的内容、时间和形式,又有学生参与的程度、活动的过程以及观察者的评价和建议。在实际使用过程中,我们发现这样的设计既不便于观察者课上记录,也不便于观察者课后分析和整理,所以在改进的过程中,我们保留了小组活动的内容、时间和观察者评价的部分,把小组合作情况分解成六个方面,要求观察者根据实际情况打"√"。改进以后的观察表记录的信息相较之前更加集中,也更便于观察者对小组合作情况进行分析和评价。

第三节

学习前测与后测设计

前测可以帮助教师充分了解学生已经拥有的认知经验和学生已经具备的操作技能,可以帮助教师有针对性地运用前测的内容组织教学并突破难点。后测既是检测教学效果的有力依据,也是进一步改进课堂教学的重要依据。教师在课例研究过程中,应运用前测和后测的方式对课堂教学进行比较客观的判断,做到听有感觉、评有依据、研有策略。需要指出的是,教师在设计前测与后测时,要充分考虑学生的特点,结合学生的实际情况,选择恰当的方式,如问卷调查、访谈。

一、纸笔测试类型中的前测设计

科学课的核心是科学探究。学生是探究的主体,教师应该成为学生的帮助者。这就要求教师充分了解学生的探究能力及认知经验。所以,教师不能只依靠先前的教学经验来进行教学设计,而应在充分考虑学生具体情况的基础上进行前测设计。

(一) 通过前测充分了解学生已经拥有的认知经验

存在的问题:第一轮课,教师没有对学生进行前测分析。课堂上,教师举了离学生生活比较远的死海的例子以及水中的漂浮物的例子,且过度使用媒体,重复提问,并没有达到有效引入的目的。

前测题设计:你能举一个生活中的例子说明浮力的存在吗?

结果分析:我们观察到,全班48个学生都能举出实例。在这些实例中,绝大多数都涉及物体在水中漂浮的现象。比如,一个学生举了潜水艇的例子,一个学生举了"汤圆在煮了一段时间后会浮起来"的例子,还有一个学生举了"将空瓶子放入水中会浮起来,用手按会感觉到向上的力"的例子。可见,八年级的学生对浮力还是有一定的生活体验的。

改进建议:教师提供四张不同物体在水中漂浮的图片,让学生找出它们的共同特征。

实施效果:这次导入仅仅用了50秒,比第一轮课的导入少了近3分钟,大大提高了效率。学生比较容易发现共同特征是有浮力。

(二) 通过前测充分了解学生已经具备的操作技能

存在的问题:第一轮课,教师因为担心学生不会正确使用弹簧秤,在实验开始后再三交代弹簧秤的使用方法,并通过反复设问的方式告诉学生测量浮力的方法,花了近3分钟的时间。

前测题设计:图2-1中,弹簧秤量程是_____N,最小刻度是_____N,弹簧秤下方挂了物体后读数是_____。

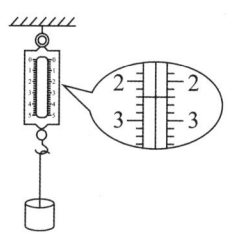

图 2-1 前测题举例

结果分析:我们发现,正确回答弹簧秤量程的有44人,正确回答最小刻度的有42人,正确读出数值的有42人(其中,没有写单位的有6人)。由此可见,多数学生能够正确使用弹簧秤。这个结果显示,学生已基本掌握弹簧秤的使用方法,在接下来的实验中,学生可以顺利通过称重法来判定浮力的存在。

改进建议:舍去弹簧秤使用方法指导。

实施效果:第二轮课和第三轮课在此环节都耗时1分40秒。教师不再向学生介绍使用弹簧秤的注意事项和方法,而是在展示、交流学生探究方案的基础上引入测量浮力的方法。课堂上,学生的积极性更高了,思维也得到了发展,学习效率有了很大的提高。在实验过程中,我们还观察到学生实际的操作能力在两轮课中没有显示出较大的差异。

(三) 运用前测的内容组织教学,突破难点

重力和二力平衡等知识点是学生理解漂浮物体受到水的浮力的基础,有助于学生理解浮力的大小、方向、作用点。

存在的问题:第一轮课,教师没有针对二力平衡这一知识点设计前测,而是用了大段的语言,花费了较多的时间,帮助学生理解二力平衡的概念。

前测题设计:请在图 2-2 的五个选项中选出符合二力平衡的图。(　　)

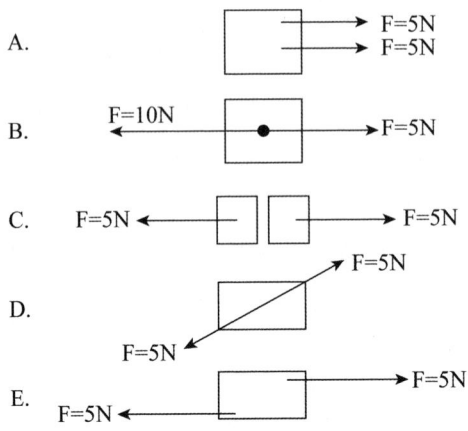

图 2-2　有关二力平衡的前测题(问题三)

表 2-5　学生回答情况统计

问题三选项	A	B	C	D	E
回答比例(%)	4.17	16.67	12.50	52.08	14.58
回答人数(个)	2	8	6	25	7

结果分析:如表 2-5 所示,学生答题的正确率仅 52.08%。在正确率不高的情况下,教师怎样组织教学、突破难点值得思考。学生错误的症结在哪里?这里不排除有学生粗心的原因,如选 B 的学生可能没有仔细比较数值的不同。选 C、E 的学生占的比例较大,这一点应引起教师的重视。通过前测可以看出,学生对同一物体、同一作用点的认识还存在偏差。

改进建议:学生在初一已经学习过二力平衡概念,可能因为时间的关系有所遗忘。教师在教学中如果能够把这些图示拿来让学生进行分析,就会加深学生对同物、等大、反向、共线等二力平衡知识点的认识,在解释浮力和重力是一对平衡力时也会容易很多。

实施效果:通过分析重力示意图以及二力平衡示意图,学生能够比较容易地画出浮力示意图,理解浮力的特点,知道浮力与重力是一对平衡力,进而得出浮力方向、大小以及作用点的位置。

(四)在运用前测方法上的思考与改进

首先,提高编制问卷的能力。一些教师由于初次运用前测和后测的方法,在编制问卷时缺乏经验,设计的一些问题指导意义不大,如问题五。

问题五:当你在实验中得出了与别人不一样的结论时,你会(　　)。

A. 把多数人的结论作为自己的结论

B. 等老师给出最后的结论

C. 分析自己的实验方法和数据结果,重新思考和分析

D. 坚持自己的结论

这是一道反映学生实验态度的问题。通过统计学生的回答,我们看到全班48个学生都选了C。一方面,我们可以看出学生实验态度很不错;另一方面我们也不排除学生掌握了一定的答题技巧。因此,该题较难真实反映学生的实际状况。教师应进一步修正出题的方式,通过学习并借鉴国际学生评估项目(program for international student assessment)中相关题目的编制方法,提高所编制问卷的有效性。比如,教师不仅要让学生选出答案,还要引导学生陈述理由。

其次,准确把握前测时机,营造前测氛围。本次课例研究在学生前测的时间安排上显得比较匆忙。因为选择的前测时间是上课前5分钟,所以教师无法及时了解本班学生的已有经验、认知水平和操作技能情况。我们建议把前测时间提前,这样教师就可以通过分析答题信息来调整自己的教学设计,也可以当堂了解学生的答题情况,有机处理预设和生成的关系。

二、纸笔测试类型中的后测设计

在进行课例研究时,我们始终将前测、后测的运用作为改进课堂的重要依据。在组织教师开展前测、后测设计与实施的过程中,我们找到了一些方法,总结了一些经验。

(一) 三份后测题

1."力的测量"后测题(小学三年级)

(1) 你喜欢这堂课吗?

(2) 你觉得自己在哪些方面有比较大的收获?

(3) 你觉得老师在哪些方面需要改进或调整?

(4) 你亲手用测力计测量力的大小有几次?

(5) 你觉得制作一张测力计使用说明书困难吗?困难是什么?

2. "开关的控制"后测题(小学四年级)

(1) 你喜欢这堂课吗?_____。

(2) 你觉得自己收获比较大的方面是_____、_____、_____、_____。

(3) 你觉得老师需要改进或调整的方面有_____、_____、_____、_____。

(4) 温控开关的工作原理是_____
_____。

(5) 制作简易调光开关需要的材料有_____
_____。

3. "温度与温度计"后测题(小学二年级)

(1) 你喜欢这堂课吗?_____。

(2) 你亲手用温度计测量温度有几次?(   )

A. 1次　　　　　　B. 2次　　　　　　C. 3次　　　　　　D. 4次

(3) 用温度计测量烧杯中水的温度,图2-3中正确的是_____。

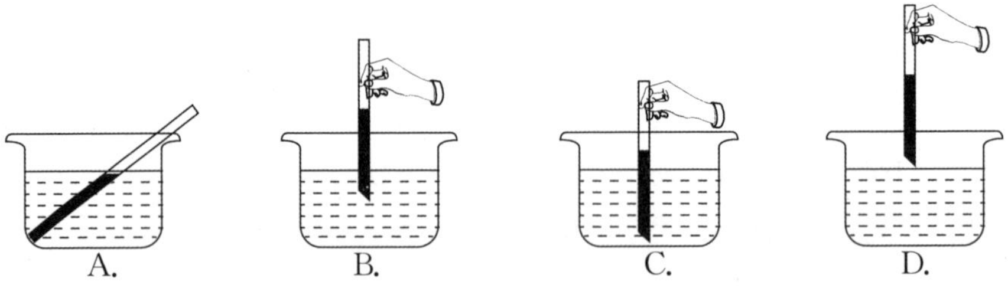

图2-3　第(3)题示意图

(4) 图2-4中,哪位小朋友的读数方法比较正确?(   )

图2-4　第(4)题示意图

(5) 请写出图2-5中温度计测得的温度,同时写出单位名称。

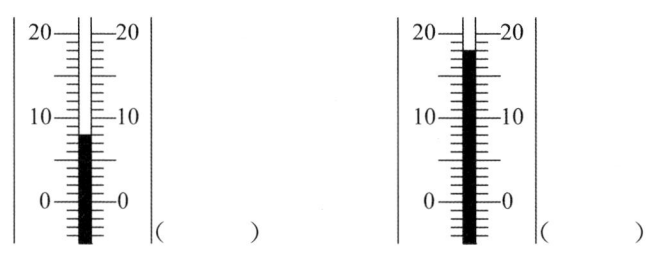

图 2-5　第(5)题示意图

(二) 对比结果

表 2-6　三份后测题的比较结果

课题	力的测量	开关的控制	温度与温度计
年级	小学三年级	小学四年级	小学二年级
题型	问答题	填空题	填空题和选择题
题数	5道	5道	5道
内容	情感题:2道 知识题:1道 参与题:1道 能力题:1道	情感题:2道 知识题:3道	情感题:1道 参与题:1道 能力题:3道
答卷状态	难以下笔	表达不清	欣然接受
答卷时间	长	长	短
统计时间	长	中	短

如表 2-6 所示，小学生比较喜欢的题型是选择题和填空题，感觉有困难的题型是问答题。小学生喜欢动手实践，不喜欢书面回答问题，对问卷调查缺乏积极性。从"力的测量"到"开关的控制"属于第一次改变，但教师只是把题型从问答题改为填空题，忽略了能力题。从"开关的控制"到"温度与温度计"属于第二次改变，教师关注了学生能力的发展，关注了学生在探究过程中的收获，实践下来小学生较易接受。

设计学生后测问卷时，观察者必须对学情有足够的了解，对主题单元有整体上的认识，知道执教者确定的教学目标是否正确，知道执教者确定的教学重点和难点是否准确，课前了解执教者教学设计的思路、使用的教学方法和手段。只有这样，观察者才能设计出相对科学的学生问卷，正确反映课堂教学的效果。

（三）后测设计的注意点

1. 确定后测问卷包含的问题

问卷问题应能覆盖调查内容的各个方面,如三维目标中的三个维度、学生的行为;问题的数量要适中,完成时间一般不超过10分钟;与教学内容不是很相关的问题,可问可不问的问题,类似、重复的问题应避免出现;单个问题中包含的内容应尽量单一,应围绕这堂课中学生了解的内容,否则学生很难回答;应避免具有导向性的问题,即避免隐含着假设或者期望的问题,如"你不喜欢这堂课的原因是教师没有安排学生实验操作"。

2. 确定后测问卷题目的格式

在把后测问卷中的问题转化为一个个题目时,观察者要做的事情之一是确定后测问卷题目的格式。格式包括封闭式和开放式两种。观察者要根据学生的年龄特征,选择他们喜欢的格式。

3. 文字表述

观察者要考虑答卷人的特点,考虑句子是否通顺、流畅;表达的意思要明确,不能含糊不清;语言要通俗易懂,适合答卷人阅读,一般情况下不使用过于专业的术语;尽量方便答卷人回答。

三、非纸笔测试类型中的访谈

前测可以帮助教师准确了解学生的真实水平,为有效而合理的教学设计提供依据。后测既是检测教学效果的有力依据,也是进一步改进课堂教学的重要依据。对于学生真实学情的了解,除了设计纸笔测试类型的问卷进行前测、后测,访谈也是一种比较有效的方法,可以与由学生填写的问卷互为补充。

课例研究过程中,观察者可以围绕课例主题以及执教者将要实施的内容进行设计并实施访谈。观察者设计访谈问题时同样要充分考虑学生的实际。事实上,在小学低、中年级,访谈更便于教师了解学生的真实感受,因为学生的书面表达能力相对薄弱一些。当然,访谈是面对面的交流,在实施过程中,尤其需要消除学生的紧张情绪和对陌生人的抵触情绪,这是保证获得真实信息的前提。下面以青浦瀚文小学沈芳珠老师设计的"环形山"一课的访谈为例来具体说明访谈的设计方法。

「案例」

"环形山"一课的访谈

一、访谈提纲

（一）课前访谈

课前访谈1：在晴朗的晚上，你有没有认真观察过天空中的月亮和星星？（　　）

A. 有，观察后查找过相关资料

B. 有，只是看看，没有明确的观察目的

C. 没有

说明：设计此题的目的是了解学生对太空的学习兴趣及其探究宇宙、太空的态度。

课前访谈2：据你了解，人类登上过月球吗？（　　）

A. 登上过　　　　B. 没登上过　　　　C. 我不知道

课前访谈3：中国有探测月球的卫星吗？（　　）

A. 有　　　　　　B. 没有　　　　　　C. 我不了解

说明：课前访谈2和课前访谈3是科普常识类问题。设计这两题的目的是了解学生在探索太空方面的先前经验。事实上，在牛津上海版自然教材"我们居住的太空"单元中，学生已经初步了解了人类对于月球的探索历程，此题由此得来。

课前访谈4：图2-6中的月相出现在什么时候？（　　）

A. 上半月　　　　B. 下半月　　　　C. 我不清楚

图2-6　课前访谈4示意图

说明：根据执教者提供的信息，学生应在了解了一月中月相的变化的基础上学习"环形山"一课，设计此题的目的是了解学生对已学知识的掌握情况。

课前访谈5：你知道月球表面是什么样的吗？请描述一下。

说明：设计此题的目的是了解学生的科学前概念，为执教者提供参考。

（二）课后访谈

课后访谈1：经过这堂课的学习，你对于"陨石撞击形成环形山"有什么疑问？

说明：此题由模拟"陨石撞击形成环形山"活动中"交流：你对于'陨石撞击形成环形山'有什么疑问"得来。设计者意在让学生说出在活动观察中得到的反证证据。

课后访谈2：关于环形山的形成原因，有很多假设。你支持哪一种？你有哪些证据支持自己的观点？

说明：在本课的最后一个环节，执教者给每个学生发放了一份名为《有关环形山形成原因的学说》的阅读资料。在这份阅读资料中有很多关于环形山形成原因的假说，但这份阅读资料比较支持"撞击说"。此题意在了解学生能否坚持自己提出的假设，并为自己的假设提供有力的证据。

二、课前访谈汇总与分析

（一）整体数据分析

被测班级共38人，其中男生16人，女生22人，男生占比42.11%，女生占比57.89%。回收有效访谈资料38份，全部有效。课前访谈汇总如表2-7所示。

表2-7 课前访谈汇总

题号 统计	第一题			第二题			第三题			第四题		
	1A	1B	1C	2A	2B	2C	3A	3B	3C	4A	4B	4C
男生（人）	7	8	1	16	0	0	11	2	3	6	6	4
男生占比	18.42%	21.05%	2.63%	42.11%	0	0	28.95%	5.26%	7.89%	15.79%	15.79%	10.53%
女生（人）	10	12	0	21	0	1	18	1	3	9	12	1
女生占比	26.32%	31.58%	0	55.26%	0	2.63%	47.37%	2.63%	7.89%	23.68%	31.58%	2.63%
总计	17	20	1	37	0	1	29	3	6	15	18	5
总占比	44.74%	52.63%	2.63%	97.37%	0	2.63%	76.32%	7.89%	15.79%	39.47%	47.37%	13.16%

注：第三题选项C总占比一栏，若用男生占比（7.89%）加女生占比（7.89%）计算，结果为15.78%；若用总计（6）除以总人数（38）计算，结果为15.79%。两种结果的差异是由统计方法不同造成的。此处研究者采用15.79%这一结果。

（二）具体数据分析

从第一题的统计数据可以看出，44.74%的学生（其中，男生占比18.42%，女生占比26.32%）对宇宙、太空感兴趣，并拥有较好的科学态度，能在观察后查找相关资料。数据也显示女生的学习习惯更好。52.63%的学生（其中，男生占比

21.05%,女生占比31.58%)有潜力被培养成有较好科学素养的科学爱好者。对宇宙、太空不感兴趣的学生极少。本题B、C选项的选择人数占比也反映出学生具有实事求是的科学态度。

从第二题的统计数据可以看出,97.37%的学生对科普知识的掌握情况良好,且男生比女生更好。本题C选项的选择人数占比说明学生具有实事求是的科学态度。

从第三题的统计数据可以看出,76.32%的学生(其中,男生占比28.95%,女生占比47.37%)对中国发射的探测月球的卫星有所了解。本题中选择C选项的人数占比15.79%,选择B选项的人数占比7.89%,反映出学生对待科学具有严谨与认真的态度。第三题的统计数据和第二题的统计数据相比,显示出学生对"世界第一"的事件有更深的印象,这或许与学生的惯性思维有关。

从第四题的统计数据可以看出,47.37%的学生对月相的认识还不深。他们不理解月相的变化。选择A选项的39.47%的学生也不一定都能准确判断出更多月相的变化。从统计数据来看,学生可能没有运用适合自己的学习方式去习得这方面的知识,教师可能也没有让学生观察月相变化的整个过程,而是采用讲授的方法让学生获得这一知识。

第五题为描述性问题,学生大多用凹凸不平、坑坑洼洼、粗糙等词来描述月球的表面。有学生在此题中提及陨石的撞击导致了月球表面的坑洼,有学生从月球温度的变化、光的来源、引力等方面来描述,有学生错误地认为月球会发光且月球表面是白色的,有学生提到月球表面有很多环形山。从第一题的数据分析可以看出,97.37%(18.42% + 21.05% + 26.32% + 31.58%)的学生对宇宙、太空比较感兴趣。回答第五题时,绝大多数学生能够用比较准确的词汇去描述月球表面。从第五题的数据分析可以看出,学生对月球很感兴趣,大部分学生在上课前已经查阅了相关资料。

一个好的访谈设计有利于发挥整个课例组的作用,因此在实施访谈之前可以由设计者向参与学生访谈的全体教师进行说明。设计者既要说明访谈内容指向的范围、程度与目的,又要鼓励教师在访谈过程中进行适当的追问,还要提醒教师尽量消除学生的紧张情绪。

访谈法作为课例研究中的一种方法,有诸多功能。它可以帮助教师了解学生的所思所想、了解学生的先前经验、了解学生的行为表现、与学生建立关系。

这些功能都指向访谈法的一个重要特点,即通过与学生对话,从学生的角度去考察、判断教师的行为。访谈不是为了验证教师的观点是否正确,也不是为了给教师的观点找几个证据或事例作为支撑,而是为了实现三个目标。第一,通过与学生深入交流,了解他们的问题、经验、感受、态度和倾向。第二,帮助参与课例研究的教师发现课例研究的新思路,在研究过程中形成符合实际的行动方案,并最为直接、最为具体、最为真实地获取关于行动效果的数据。如果我们有意识地设计访谈问题并及时记录和整理访谈结果,我们就能够为教学的改进和调整提供非常有效的实证数据支持,帮助自己形成新的理论或者解释。第三,访谈不仅对教师和课例研究工作有益,还会对学生产生积极影响,可以使学生发现经历对于自己的意义。

第四节

课堂观察与问题诊断

如果设计观察工具是前提，那么借助观察工具获取有效信息并加以筛选和整理就是课例研究过程中重要的一步。在进行了这些年的课例研究之后，我们积累了一些经验。合适、有效的观察工具能够使教师的课堂观察更趋于专业化。设计行之有效的观察量表能够帮助教师更准确地搜集学生活动的各种信息，为教师的有效教学提供可靠的事实依据，为教师的专业化发展提供帮助。以小学科学课为例，学生的学习行为主要分为个人学习行为和集体学习行为两类。前者主要表现为倾听、应答、质疑、记录、搜集资料等，后者主要表现为合作、讨论、交流等。这些学习行为主要通过语言、情绪和小组活动得以体现。观察者在进行课堂观察与问题诊断时，应有所侧重。

一、把自己当作学生，通过近距离观察获得学生的真实感受

观察者应关注以下问题：学生走进课堂和走出课堂时有什么变化？学生清楚这堂课的教学目标吗？多少人清楚？有哪些课堂现象证明教学目标已达成？课后检测时有多少人达成了教学目标？发现了哪些问题？学生在这堂课上学到了什么？学生学到的东西能否进行迁移、应用、拓展？

二、立足学生在课堂上的表现，关注真实的课堂情境

在学习事件发生的过程中，观察者要善于用眼睛"给学生拍照"，认真搜集课堂教学信息，关注学生行为参与、认知参与、情感参与等情况，了解该学习事件对学生产生的实际影响以及学生是如何应对的。

（一）观察学生参与学习的状态

1. 学习情绪

可以用描述性的语言记录学生在不同课堂情境中表现出来的兴趣、主动性。

2. 学习态度

可以用描述性的语言记录学生的学习态度，如是否大胆猜测、是否具有实证意识、求知欲是强还是弱、是否愿意与他人合作交流。

(二) 观察学生参与活动的状态

1. 参与活动的情况

记录小组成员之间的分工情况和实验记录方式。观察学生在实验操作过程中是否进行了思考、小组成员之间是否通过交流分析实验现象从而得出结论、听取其他小组发言时是附议还是质疑、是否产生了新的探究问题、是否与生活经验相联系、能否用经验解决生活中的问题。

2. 与教师互动交流的情况

包括对学生参与面、学生参与质量的观察。可以通过记录提问和发言的情况来进行分析。

3. 独立思考的情况

观察学生是否主动提出自己的观点、猜想是否有根据、方案是否严谨、观察是否细致、探究方法是否灵活多样、能否用自己擅长的方式表达探究结果、记录是否客观、能否较全面地收集信息并准确分析信息、是否迷信他人（包括教师）、是否敢于质疑。

(三) 借助其他手段进行综合判断

在现场观察的基础上，我们还可以借助学生学习单分析、课后访谈、纸笔测试、问卷调查等手段综合判断学生在知识、技能、态度等维度的情况。

表2-8和表2-9是在"声音的放大和缩小"课例研究活动中得到的两份观察记录表。为保护隐私，以下删除了相关学校及教师信息。

表2-8 量表1——课堂语言流动

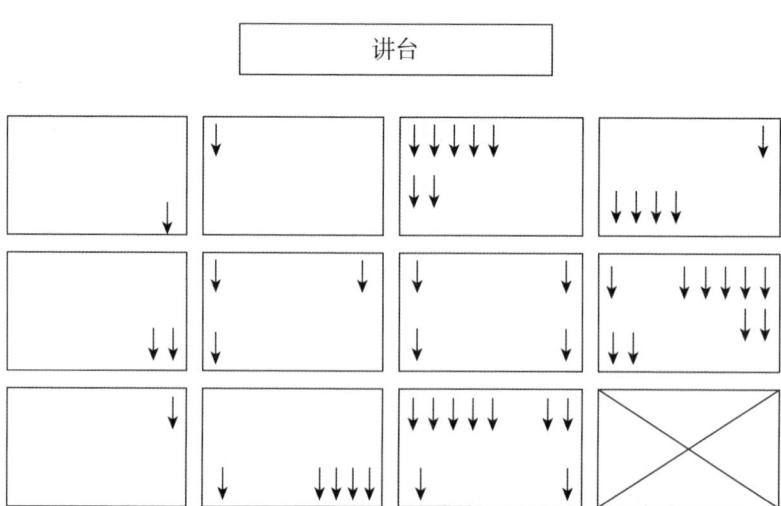

分析：课堂上的主要语言流动约 50 处。从总体来看，学生发言较积极，覆盖面比较广。从个体来看，问题主要集中在个别学生身上，不能体现本班学生的整体水平。从问题流向来看，问题是单向的，从教师流向学生，课堂缺少生成性问题，教师的提问不能反映学生本来的智力水平，而且学生思维的深度不够，没有主动质疑。教师一方面要深入设计有结构的问题；另一方面要充分重视学生之间的差异，针对不同的学生采取不同的理答方式，启发学生深入思考，鼓励学生主动参与课堂，营造轻松愉悦的学习氛围。

表 2-9　量表 2——学生应答水平

教学环节	内容	学生回答类型					
		无应答	机械	认记	推理	创造	主动质疑
情境创设	情境创设	0	0	3	0	0	0
活动一：声音的增大	学生实验并交流	2	6	0	8	1	0
	共鸣的概念	0	0	0	0	0	0
	乐器共鸣箱	1	0	0	6	0	0
活动二：声音的减小	交流生活中的噪音及其减小方法	3	0	2	2	6	0
	方案设计与交流	6	7	0	7	4	0
	学生实验并交流	4	2	0	2	0	0
活动三：声音减小的运用	声音减小的运用	0	1	1	7	2	0
	阅读材料	0	0	2	0	0	0
总计		16	16	8	32	13	0

执教者的自我诊断：教师提问与理答的方式单一是导致学生答案单调、机械的最主要原因。从数据中发现，学生在推理上是有优势的，但创造性相对缺乏，这与教师的提问方式有很大的关系；无应答的情况很多，反映出学生对部分问题的不关注或不理解；机械回答的情况也很多，这与问题类型有关，判断题占较大比重。

第五节

基于证据讨论与反馈

在研究过程中,我们反复强调的就是"用实物证据来说话"。在实践中,我们看到了三合中学借助观察工具、基于实验数据改进课堂教学的例子。在理论上,我们学习了收集实物证据的方法。其中,王洁博士所著的《如何做课例研究》[①]一书给了我们一定的启发。

一、实物证据的概念

在课堂观察与诊断过程中,除了实施前测、后测、访谈,观察记录教师"教"的行为和学生"学"的行为,研究者还要注意收集相关实物证据。这里的"实物"主要是指学生作业、小制作、实验记录单、实验材料、统计表、教师板书设计等与研究问题有关的文字、图片、音像资料。它们是研究中最自然、最真实、最现成的第一手研究资料。实物证据法是一种基于真实而又比较现成的资料研究方法。

二、实物证据的作用

(一) 能够提供自然、真实的信息

实物资料通常是在自然情境中产生的,它的产生受研究者的直接干预少。因为多数实物资料在研究之前就已经存在,所以相比较访谈和观察,实物资料具有历史或现实的真实感,可以为研究者提供比较真实可信的背景性和现实性变化信息。比如,对学生课堂笔记原件进行解读、分析和研究,能够帮助研究者获取学生的真实信息。

(二) 能够揭示事物发展的规律

任何实物证据都是一定背景的产物,体现了一定情境下学生的看法和认识。因此,分析这些实物证据可以揭示学生学习的发生和发展规律。

---

① 王洁.发生在校园里的故事——如何做课例研究[M].辽宁:辽宁教育出版社,2013.

（三）能够有力地佐证相关结果

实物证据作为一种事实依据，是访谈、观察等方法的补充，能验证研究者运用这些方法获取的资料或得出的结论的真实性和可靠性。

（四）能够引发或生成新的研究问题

实物证据的收集过程中，我们可能会发现之前没有关注过的一些研究问题，有新的思考，使研究向纵深发展。

三、实物证据的收集方法

研究者要通过不断提问来明确实物证据收集的方向和目的，并将收集的实物证据与研究中的实际问题相联系。研究者要时常思考这样一些问题：我们为什么要收集这些实物证据？这些实物证据可以回答研究中的什么问题？这些实物证据与其他方法如何相互补充？可以从哪些方面来分析这些实物证据？对这些问题的分析结果，不仅会影响实物证据收集的方向、目的、效率，还会影响后续的整理和分析。

四、使用实物证据时的注意事项

（一）开放式讨论，倡导百家争鸣

这就要求组织者营造对话的氛围。组织者要善于引导全体参与者全方位展示自己在课堂上的观察与思考结果。

（二）保留式改进，在可为处作为

参与研究工作的教师可能会有一定的个人风格，彼此间难免有冲突和矛盾。而集约型研究，要求组织者分清主次真伪。因此，组织者要善于引导执教者最大限度地吸收群体的智慧，允许执教者带着个人风格投入新一轮的实践；善于把全体参与者发表的意见和建议进行条理化的归纳和整理，理清主次顺序，分析从属关系，鉴别观点真伪，条理化行文，规范化记录。每一次课例研讨过程，最终都需要形成一个规范化的记录文本，一目了然地呈现研究进展和研究脉络，以明确行动方向。[1]

---

[1] 胡庆芳.课例研究我们一起来：中小学教师指南(第二版)[M].北京：教育科学出版社，2016.

第六节

课例研究报告的撰写

上海市教科院胡庆芳老师总结过开展课例研究活动的六步操作法,即确定研究专题、选择教学内容、带着目的观测、畅所欲言讨论、着眼达成改进、形成研究成果。他认为,集体研讨与总结非常重要,因为这关系到问题诊断的准确性,直接影响到研究结论的可推广性。因此,教师不仅需要每一次观课之后头脑风暴式的研讨,还需要课堂教学改进阶段目标达成之后的系统梳理与结论提炼。经过课堂诊断和实践改进,最后形成的课例研究报告应包含四个要素,即关注的问题、研究的过程、案例的支撑、结论的呈现。没有关注的问题,只是平铺直叙课堂上发生的事情,虽然真实,但仅仅是课堂实录;关注了问题,却没有研究的过程,只能算是研究的起步;没有案例的支撑,没有结合一堂课的具体实例来支持所述观点,只是坐而论道,不算是以课例研究为载体的研究报告;没有形成结论,即使有关注的问题、研究的过程、案例的支撑,也只能算作一种工作描述。因此,课例研究报告通常是指以一种观点或结论统领事实的文本,结论是文本的灵魂。

一、课例的构成要素[①]

(一) 主题与背景

主题与背景是课例的第一要素。因为课堂教学是复杂的,通常的听课、评课往往针对一堂课从各个角度提出改进意见。课例研究并不追求通过一堂课解决多个问题,而是追求通过一个课例认识一个小的研究问题或研究主题,"小"才有可能"深"。研究主题或者反映在课例标题中,或者开门见山地交代,这样别人才能清楚地知道这个课例探讨的是什么方面的问题。

研究主题从哪里来?为何选择这个主题进行研究?这就需要交代课例产生的背景。背景中可以交代研究主题是来自教学中常见的困惑,是来自教学中常见的难点,还是来自课改中的核心理念。背景的交代可以使读者了解整个课例

---

① 根据杨玉东博士《怎样做课例研究》讲稿整理。

的价值和意义，帮助读者理解课例中改进课堂教学的背景和条件等。

（二）情境与描述

课例的载体是课堂，因此对课堂情境的描述是必不可少的，但这不等同于把大篇的课堂实录直接放在课例与研究报告里。课例来源于真实的课堂教学及其改进过程，内容不能杜撰，但情节可以进行适当的调整与改编，因为只有这样才能紧紧围绕主题并体现讨论的焦点问题。选择的课堂情境要围绕课例研究的主题。有时为了凸显与研究主题密切相关的问题，甚至对片段中的语言也可适当剪裁，如省略一些无关的话语、删去一些口头禅。除了使用一手的实录片段描述，也可以用撰写者讲述的方法对实录片段进行二次描述，撰写者本人当时的想法、感觉等都可以写入课例。围绕主题的情境描述要力求准确、精简、引人入胜。

（三）问题与讨论

课例反映的是教学改进的过程，因此在课例描述中必然包含着提出的问题以及由问题引发的后续讨论。因为课例反映的是教学研究背后的故事，交代课例产生过程中的问题，能够帮助读者了解教学过程的来龙去脉，否则读者只是感觉到撰写者描述了一堂好课，却不知这堂好课的产生过程是怎样的。对读者来说，把研究授课的问题及其讨论梳理出来，展现过程，可能更具启发价值。

课例描述中提出的问题，有的可能在后续讨论中解决了，有的没有解决。这些问题都可以呈现出来。撰写者甚至可以提出一些开放性问题或两难问题，指明今后可以继续研究和讨论的空间。撰写者应对研究过程中提出的各种问题加以筛选和梳理，使问题的线索能够环环相扣，这样对读者更具吸引力，可以引发其深入思考和讨论。那种没有问题的课例描述，或者说只是一堂好课的展示，实际上并不是我们在这里所倡导的。

（四）诠释与研究

要对课例本身进行解读，赋予它普遍意义，就要对课例进行诠释，为其增加一些研究成分。这种诠释应该是归纳型的，内容应紧扣课堂教学和讨论过程，不宜夸大或跳得太高，否则极易沦为空谈，使得前面是具体的课堂教学实例，后面是宽泛的一般理论。很多经验性论文就是这样的类型。

对课例进行诠释实际上就是交代了对于课例研究中不同阶段出现的问题的理解和处理方式，交代了课堂教学如此改进的原因，也就是要说出课堂教学好在哪里、不好在哪里的理由，使读者明白背后的故事。撰写者可以选择多个角度解读,尽可能回归教学的基本层面而不要脱离课堂教学。对课例的研究,主要是通过一堂课的改进来判断教师究竟获得了哪些理性认识或者初步结论,这需要一些概括和提炼。这些研究成分使得课例不仅是对一堂课的研究性描述,而且对教师在日后课堂教学中考虑如何改进一类课有所启发。

二、课例的撰写方法[①]

很多优秀教师经历过不少磨课的过程,在头脑中有一些精彩的课堂教学实例。如果能够对它们进行理性梳理和加工,凝练出一个焦点主题,并赋予一定的背景意义,这些课堂教学实例很可能就形成了一个课例。如何把这样的教学经验转化为课例呢?

(一) 琢磨典型课例

一位从未撰写过课例的教师,在前期准备阶段可以选择一个或几个典型课例,对其内容、结构进行分析。重点思考以下几个问题:课例作者如何陈述事件的发生发展过程?如何突出研究主题和产生的主要问题?如何处理课例各个组成部分之间的关系?提炼的主题是如何与选择的课堂教学情境或内容相关联的?教师应通过这样的学习过程,体会课例的几个要素。

(二) 回溯课堂教学实例的产生过程

教师可以回想自己头脑中认为精彩的课堂教学实例是如何产生的。重点思考以下几个问题:当时有哪些人参与了教学研究过程?哪些人在哪个阶段发表的什么观点给自己留下了深刻印象?该课堂教学实例产生前后上过几轮课?教研活动是如何开展的?在不同阶段执教者的心理感受、遇到的问题是怎样的?不同阶段每个参与者的观点是如何变化或逐步深入的?对这些问题的回溯性思考是为了回忆当时的经历和感受,目的是分析精彩课堂教学实例产生的前因后果和重要细节。

(三) 撰写课例初稿

如果教师很清楚该课堂教学实例的产生过程,很了解当时研究的主题和问题(包括背景、价值、意义),就可以立即从课例的几个要素着手进行写作。很多情况下,教师面临的问题是,觉得课堂教学实例很精彩,但对研究过程、主要观点、主要

---

① 根据王洁博士《如何撰写一个课例》讲稿整理。

问题不够了解,无从下手。在这种情况下,教师可以回想整个课堂教学实例研究过程中让自己印象最深、具有冲突性的关键事件是什么(这往往是课例中最重要的关键事件),然后回想这个关键事件是如何产生的、当时的背景是怎样的,回想在这个关键事件之后又发生了什么、是如何处理的、后来得到什么结论。从最重要的关键事件入手,追因索果,是一个比较有效的方法,使得教师容易着手写作。

(四) 斟酌和修改课例

写好初稿后,教师可以用课例的几个要素来衡量,看看是否具备课例的基本条件,缺什么补什么,累赘的可以删去。自己感觉基本满意后,可以请没有参与过这个课例研究的人阅读,了解他们是否明白自己想要表达的观点。因为撰写课例的人头脑中有很多潜藏的细节,很多时候自以为交代得清楚明白,可是没有参与过这个课例研究的人因为一无所知,所以不一定能理解。听取别人的意见,反思、斟酌,甚至重写,也是一个有效的方法。

(五) 凸显课例的价值和意义

在课例基本完成后,教师应整体考虑下课例的价值和意义。这个阶段教师可以重新修改标题,用比较贴切的主题词凸显该课例的价值和意义。

其实课例的撰写没有定法,上述过程只是为没有课例撰写经验的教师提供了一个参考。精彩的课例没有什么固定的套路,甚至没有明确的段落划分,但是仔细研读,会发现课例的几个要素一应俱全。如果再配以优美的语言和吸引读者的文风,就像一篇好的文学作品一样令人获益良多。

三、课例研究报告的参考框架[①]

说明:以下各级标题只表述了相关内容,一般不作为最后的标题呈现,请根据实际情况加以改进。

本参考框架所列的四个一级标题下的相关内容是一般研究报告中都要涉及的,其他内容可灵活呈现。

(一) 研究背景

说明:研究报告通常要说明为什么做这个研究(研究的价值)、别人已经做了哪些研究(可通过查阅文献或其他方式了解),以清楚本研究所处的位置(研究的

---

① 根据王洁博士《科学/数学老师撰写课例研究报告的建议》讲稿整理。

意义)、本研究的突破点(或重点)在哪里。总之,研究背景要给人呈现研究的价值和意义。

* 为什么选择该研究主题(问题)、为什么选择以该课为载体。
* 关于该研究主题或者该课,别人已经做了哪些研究。
* 本研究想在哪个方面有所改进或突破。

(二) 研究过程与方法

说明:这部分需要呈现我们使用了什么方法、怎样使用这些方法、具体是怎么操作的。不是简单陈述小组分工情况,而是要讲清楚为什么这样安排、为什么使用这些方法。可适当陈述背后的目的。

* 研究过程中的人员分工和日程安排是怎样的。
* 研究的主要问题或者分解的子问题是什么。
* 具体使用了什么方法。

(三) 研究结果

说明:以研究的问题(细化成若干子问题)、实施的过程(划分为各个阶段)或其他方式展现研究结果。始终围绕和对照研究的问题,有层次地表述研究结果。

* 研究结果可以划分成哪几个阶段来表述。
* 后一个阶段在授课和认识上比前一个阶段深化的地方在哪里。
* 使用的技术方法在其中具体说明了什么问题。

(四) 诠释与讨论

说明:可以基于研究结果多角度应用理论解释,可以一般性地考虑该课例对某一类课的启发和意义,得出一些思辨性的结论,也可以客观地对本研究中的问题、后续研究中的问题进行阐述,适当涉及后续研究的改进。

* 通过该课例得到哪些观点和认识。
* 可以应用哪些理论来解释或进一步支持课例研究汇总得出的结论。
* 研究中还有什么问题,今后可以怎样改进。

四、课例研究报告框架的形成实例

下面以上海市新农村优秀青年教师专题研修班学员(以下简称优青班学员)讨论形成课例研究报告框架的过程为例进行说明。

(一) 背景介绍

优青班学员多为闵行区、浦东新区、宝山区、嘉定区等区教龄在 5 至 10 年的骨干教师。研修方式为集中培训和分散实践相结合。本次课例研究围绕"温度与温度计"一课展开,主题为"小学自然学科中的鼓励挑战性学习"。

经过三轮课的教学,教师积累了一些实践资料。筛选信息、列出课例研究报告框架,对于参加课例研究的学员来说是难点。在某天上午 8:30 至 10:00,我们尝试通过网络教研的方式帮助他们克服这一困难。

一开始,我就向学员抛出本次讨论要达成的目标:(1)通过同伴交流,共同思考若干需要澄清的问题;(2)通过对话,整理思路,主动思考;(3)通过倾听别人的框架设想,欣赏与学习同伴的经验,同时积极、批判性地思考自己可能存在的问题。

接着,我引导学员将自己的课例研究报告框架一一呈现出来,希望通过讨论引导学员完善框架。我们重点讨论了学员沈老师的主题与框架,如表 2-10 所示。

表 2-10 学员沈老师的主题与框架

合理的合作让学习如虎添翼
——小学自然"温度与温度计"
第一次授课:4 人一组 第二次授课:2 人一组=4 人一组 第三次预授课:2 人一组>4 人一组 小组合作学习需要怎么做?

(二) 讨论实录

8:57:29 我:从沈老师的主题与框架中,大家看出了什么?

8:58:31 金山小王:这个主题很吸引我,框架很有趣。

8:58:55 松江小宋:沈老师是想了解人数对小组合作学习有效性的影响吧。

8:59:03 青浦小张:我觉得,小组合作学习不能流于形式,应从学生的需求出发,真正做到小组合作学习。

8:59:07 金山小王:沈老师基本阐述清楚了自己要研究的主题。

8:59:32 我:大家都看出了沈老师要研究的主题,看来沈老师的主题表述得很清楚。

8:59:37 嘉定小陈:在不同类型的课中,人数对小组合作学习有效性应该也有影响。

8:59:56 我:与小组合作学习相关的内容细细推敲还有很多。是不是可以从更小的点切入?沈老师关注的是人数对小组合作学习有效性的影响。切入点很好!

9:00:05 奉贤小金:从主题与框架中可以看出,沈老师对小组合作学习有效性进行了细致入微的研究,并且进行了总结和归纳。

9:00:11 金山小王:关键是分析小组合作学习有效性,有时形式上的合作反而没有效果。

9:00:40 宝山小沈:对的。如何体现小组合作学习有效性确实是一个问题。

9:00:57 金山小王:沈老师从人数着手分析了每一次小组合作学习的有效性。

9:01:02 我:真好,形式不是很重要。

9:01:05 金山小王:比较有说服力。

9:01:29 我:这(表 2-11)是沈老师列出的课例研究报告框架。

表 2-11　沈老师列出的课例研究报告框架

合理的合作让学习如虎添翼
——小学自然"温度与温度计"　宝山区嘉华小学　沈××

一、背景与主题

到底应该如何进行合作?在组织学生进行小组合作学习时,教师应该注意哪几方面的问题?教师如何真正理解小组合作学习的意义,并通过引导学生进行小组合作学习提高学生学习有效性,已经成为我们思考的话题。针对"如何设计合理的合作"这一问题,邵老师有关"温度与温度计"的课成了我们研究的载体。在区教研员张老师的带领下,我们一起听了邵老师的课。

二、情境描述

第一轮和第二轮为听邵老师上课,观察关键环节。第三轮为本人试教的感受("4 人一组""2 人一组=4 人一组""2 人一组>4 人一组")。

三、问题讨论

为什么要 2 人一组、4 人一组?2 人一组、4 人一组的区别是什么?到底怎样的合作才是合理的?

9:02:30 崇明沈忠:小组合作学习的过程就是学生相互之间从不同点中寻找相同点的过程。

9:02:36 金山小王:我觉得,沈老师在引用时可能和我存在同样的问题——引用太多了。

9:02:44 我:深有同感!

9:03:01 宝山小沈:很难找到实录。

9:03:23 闵行小林:我们要找关键、有代表性的实录。

9:03:25 我:我试着对沈老师的课例研究报告框架进行了再次学习,说说我的想法(表2-12)吧。

表2-12 我的想法

一、标题
几个人的小组合作学习才是有效的——小学自然"温度与温度计"课例研究
二、背景与主题
国家和上海市科学课程标准中都明确提出,要"积极引导学生开展小组合作学习"。现实的小学自然课堂中,教师也经常组织学生采用小组合作学习的方式进行观察、讨论、交流和实验等。遗憾的是,大部分教师对小组合作学习的认识仍停留在自己能顺利上完课、设计的小组活动能顺利开展、一些优秀的学生能代表所在小组发言上。但这就是小组合作学习吗?这样的合作有意义吗?
三、情境描述
第一轮课:剪刀、石头、布的困惑(4人一组)
第二轮课:9、15、23,数据差异的背后(2人一组=4人一组)
第三轮课:11、10、11,缩小数据差异的思考(2人一组>4人一组)
四、问题讨论
到底怎样的合作才是合理的?
第一轮课,4人一组的小组合作学习效果真的优于教师个人学习效果吗?
第二轮课,2人一组、4人一组的区别是什么?
第三轮课,几个人参与小组合作学习,由谁说了算?
五、诠释与研究
小组合作学习是指教师在教学中通过小组合作,让学生协同努力,充分利用自身及同伴学习优势的一种学习方式。2人合作、4人合作、6人合作、8人合作,都是可行的。
六、对于学生分组的建议
第一,根据实际需要。个人学习和小组学习都是为了促进学生有效学习。
第二,进行合理分工。分工明确,各司其职,互换角色。
第三,采取结构合理。同质建组、异质建组。

9:03:50 金山小王:对。我写的时候也有这种感觉。我觉得每句话对我的课例好像都有帮助,不知不觉就引用了很多。现在倒过来看,很多实录似乎并没有代表性,不需要放。

9:04:22 我：课例研究报告框架非常重要！先确定课例研究报告框架，再思考怎样才能更有说服力。

9:05:09 金山小王：对。

9:05:15 闵行林佳伊：嗯。

9:09:50 嘉定陈豪：确实，课例研究报告框架明晰，以递进的形式呈现标题更明了。

（三）思路分析

组织者或学科教研员要善于从教师撰写的初始课例研究报告框架中提取关键信息，使教师的框架始终紧扣主题。第一，标题切忌假、大、空。沈老师原来的标题是"合理的合作让学习如虎添翼"，不够具体准确。我将它改为"几个人的小组合作学习才是有效的"。这一问题的提出，让读者一目了然。而用问题引发讨论，也是教师为课例拟定标题时常用的方法。第二，描述背景与主题时，应紧紧围绕热点问题与课堂实际问题。第三，描述情境时，要善于抓住关键事件，切忌胡子眉毛一把抓。我引导沈老师在第一轮课中抓住关键事件"剪刀、石头、布的困惑"，在第二轮课中抓住关键事件"9、15、23，数据差异的背后"，在第三轮课中抓住关键事件"11、10、11，缩小数据差异的思考"。这三个关键事件反映的正是不同小组合作学习形式对小组成员学习效果的影响。小组成员数量、组成的变化，恰恰反映了这几轮课的改进效果。第四，抓住关键事件后，就要进行问题讨论。第一轮课，4人一组的小组合作学习效果真的优于教师个人学习效果吗？第二轮课，2人一组、4人一组的区别是什么？第三轮课，几个人参与小组合作学习，由谁说了算？课例研究的优势就在于能让教师在真实情境中了解解决问题的方法和路径。第五，诠释与研究时要有针对性。组织者或学科教研员要引导教师细细品读典型案例，教会教师筛选典型案例。第六，适时给出学生分组的建议。

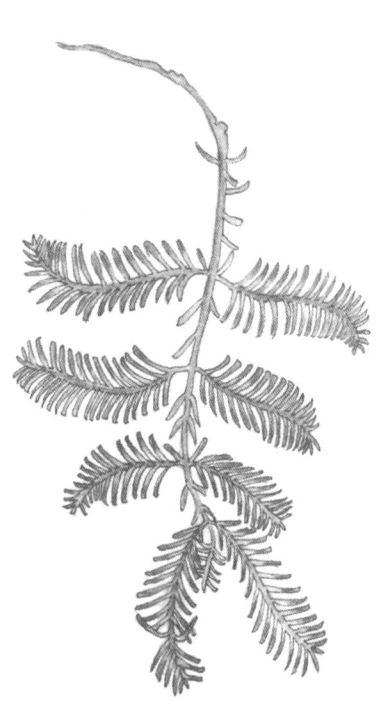

第三章
典型课例研究

本章剖析了青浦区小学科学团队研究的几个典型课例。我们聚焦目标导向、概念进阶、导学单、科学解释、资源与环境、长周期探究等研究主题，关注教学中存在的实际问题，不断深化团队对学科内涵与教学实质的认识，形成了"优化目标—概念分解—精准活动—过程评测"等教学策略与实施路径。

第一节

以目标导向为核心的课例研究

近年来,上海市提出在中小学开展"基于课程标准的教学与评价"的总体要求。"目标导向下的学生课堂活动设计"是 2015 年上海市小学自然学科中青年教师课堂教学评选活动的主题。它力求使教学思想符合课程理念,教学目标源于课程标准,活动设计为实现教学目标服务,切实解决"教什么""怎么教""如何实现教学过程最优化"三大问题。但在实际教学中常常会出现教学活动与教学目标不匹配的情况。上海市教委教研室小学自然学科教研员赵伟新老师曾针对小学五年级"利用磁铁发电"一课进行过分析,如图 3-1 所示。

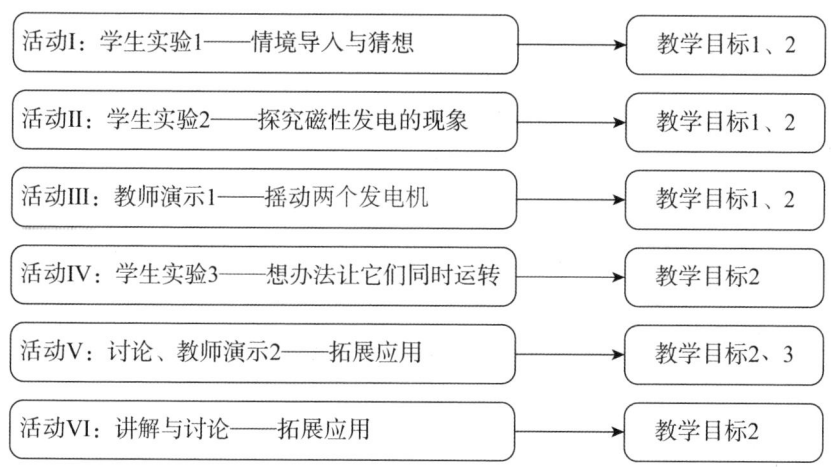

图 3-1 "利用磁性发电"一课教学活动与教学目标的对应关系

从图中可以看出,本堂课所有教学活动都与"教学目标 2:通过拆装手电筒、小马达,了解磁铁、线圈之间的联系,初步了解磁性发电在生活中的应用"存在对应关系;前三个教学活动都与"教学目标 1:通过观察、实验,了解利用磁性发电的现象"存在对应关系;教学活动Ⅴ与"教学目标 3:通过实验设计,了解法拉第的伟大成就,增强探究电磁现象的兴趣"存在较为牵强的对应关系。这里有两个问题值得思考。

问题1：如何让"情境—探究—应用"教学模式变得更为清晰与合理？

"情境—探究—应用"教学模式是中小学科学教学中最为常用的教学模式，其核心在于让学生通过科学探究学习科学知识，培养科学态度，注重理论联系实际，提高科学素养。围绕"情境—探究—应用"教学模式中的情境、探究、应用三个要素，都可以设计教学活动，但必须重视教学活动与教学目标的对应关系。要思考一堂课上的教学活动是否越多越好，特别是对教学目标相同的教学活动一定要重点思考和认真把握。

问题2：如何让学生科学探究的时空变得更为宽广？

学生的课堂活动量要适宜，关键之处的活动量可以多一点，保证学生在课堂上有充分体验的时空；关注学生学习方式的改进，确保学生自主学习的时空，提高学生合作学习的能力；重视科学概念的形成过程，培养学生的科学素养。充分利用学校、家庭、社会中的各种资源，有效运用信息技术，为学生提供考察、实验、制作、设计、表达、交流、服务、宣传等机会，将课内、课外紧密结合起来，为学生创造实践和思考的时空。

如何实现"目标导向下的学生课堂活动设计"，也因此成为我们带领教师去重点解决的问题。作为上海市小学自然学科中心组成员，我同时参加了上海市教委教研室重大科研项目"基于课程标准的教学与评价"小学自然子项目组，主要承担学习目标部分的研究工作。学习了项目组提供的学习资料以及阅读了《可见的学习》《分享学习目标》等书后，结合小学自然学科的实际，我提出了"找准内容标准—解析内容标准—叙写教学目标"的路径。我还从教学目标、学习目标、实现指标的概念出发，揭示了学习目标和实现指标在小学生学习自然学科中的意义和作用。通过案例研究与课例研究相结合的方式，我从如何撰写易接受的学习目标、如何撰写可评价的实现指标、如何借助学习单与学生无痕分享学习目标和实现指标三个方面给出可供教师借鉴的方法、路径和策略。

"加热""平衡""水生植物的适应性""黏土和陶器"等是我们重点关注的课例研究内容。青浦瀚文小学沈芳珠老师（执教"水生植物的适应性"一课）和重固小学周枞老师（执教"黏土和陶器"一课）参加了上海市教委教研室主办的2015年上海市中青年教师教学评比活动，分别获得了一等奖和二等奖的好成绩。在2017年上海市教育学会中小学科学教学专业委员会组织的中青年教师课堂教学评比活动中，我欣喜地看到，来自各区的许多参赛教师正比较熟练地运用"内容标准解析与学习目标叙写""分享学习目标和实现指标"等操作路径和方法。本节围绕"内容标准解析与学习目标叙写""分享学习目标和实现指标"两项研究,结合"目标导向,探究导学——以'黏土和陶器'一课为例""合理设计活动评价表,建构可见的学习过程——以'鸟在巢里下蛋'一课为例"分享我们的研究收获。

一、内容标准解析与学习目标叙写

课程标准是教师教学时的基本依据。在课程标准中,内容标准与科学探究是对学生学习的基本要求。教师基于课程标准进行教学有助于避免教学的盲目性。为了加深教师对课程标准中内容标准的认识,根据教学目标来源于课程标准、教学内容和学生实际的特点,我们形成了适合小学自然学科的"找准内容标准—解析内容标准—叙写教学目标"路径,如图 3-2 所示。

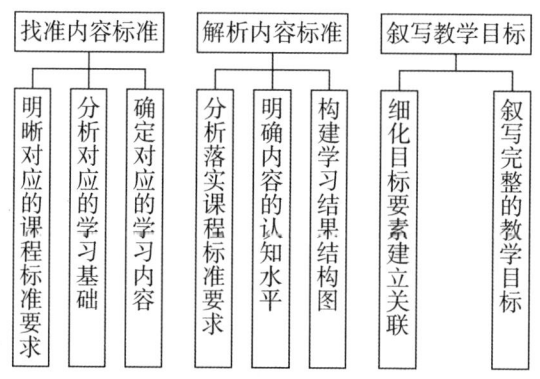

图 3-2 路径图

下面以小学自然(牛津上海版)二年级上册"加热"一课为例,简要说明这一路径的应用方法。

（一）找准内容标准

1. 明晰对应的课程标准要求

本单元对应课程标准一级主题"物质科学"下二级主题"材料与物质"中第二个子主题"物质的变化"第一阶段内容中的第一条"知道物质的三种常见状态"和第二条"知道物质的状态会发生变化"。此外,对应的内容标准还有一级主题"物质科学"下二级主题"能量"中第二个子主题"热"第一阶段内容中的第一条"产生热有多种方式"和第二条"能列举生活中应用加热的实例"。

2. 分析对应的学习基础

学生对于冷热变化已经有了一些感性认识,对于日常生活中加热物体的方法也并不陌生,但他们往往会忽略加热过程中物质状态的变化。

3. 确定对应的学习内容

根据小学二年级学生的实际情况,参考教材中涉及的基本概念(热会使物质状态发生变化、利用热来改变物质、利用热来制造一些物质)选择相关的内容(知道热有多种产生方式、列举生活中加热物质的实例、知道物质状态会发生变化)。

(二) 解析内容标准

1. 分析落实课程标准要求

根据小学自然课程目标,本单元的学习应以贴近学生生活的内容为载体,为学生创造动手和探究机会,激发他们的兴趣和欲望,让学生体验科学探究过程,理解科学技术与人类生活的密切关系。

2. 明确内容的认知水平

本单元相应内容标准中的关键词为知道和了解。在课程标准关于认知水平层次的划分中,知道属于记忆水平。记忆水平的基本特征是能识别或记住有关的科学概念使之再认或再现,能在标准的情境中进行简单应用或按照示例进行模仿。

3. 构建学习结果结构图

在解析内容标准的基础上,我们将分解的知识维度、认知过程维度相关联,构建了如图3-3所示的"加热"单元学习结果结构图。

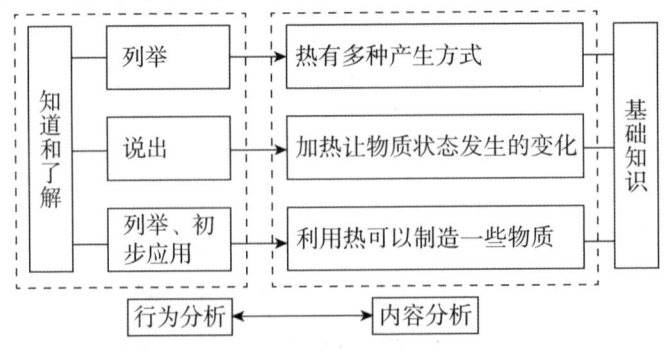

图3-3 "加热"单元学习结果结构图

（三）叙写教学目标

根据"多次观察、比较，发现事物的变化"的探究要求，本单元重在引导学生发现热有多种产生方式，观察加热让物质状态发生的变化，尝试用加热的方式来制造一些物质。因此，教学设计思路以探究加热带来的变化为主线，以加热的各种方法为铺垫。我们根据教学目标的陈述方式，设计并建立行为主体、行为条件、表现程度、行为表现这四个要素的关联，叙写完整的教学目标。

1. 细化目标要素建立关联（行为主体＋行为条件＋表现程度＋行为表现）

重点细化行为条件、表现程度两个要素。其中，行为条件的细化过程，其实也是活动的设计过程；表现程度的细化，要注意具体表现的可检测性。另外，情感、态度与价值观维度的目标也可在过程中予以细化。教师应将需要落实的情感、态度与价值观维度的目标列入行为表现之中，并思考其表现程度。"加热"单元教学目标要素关联图如图 3-4 所示。

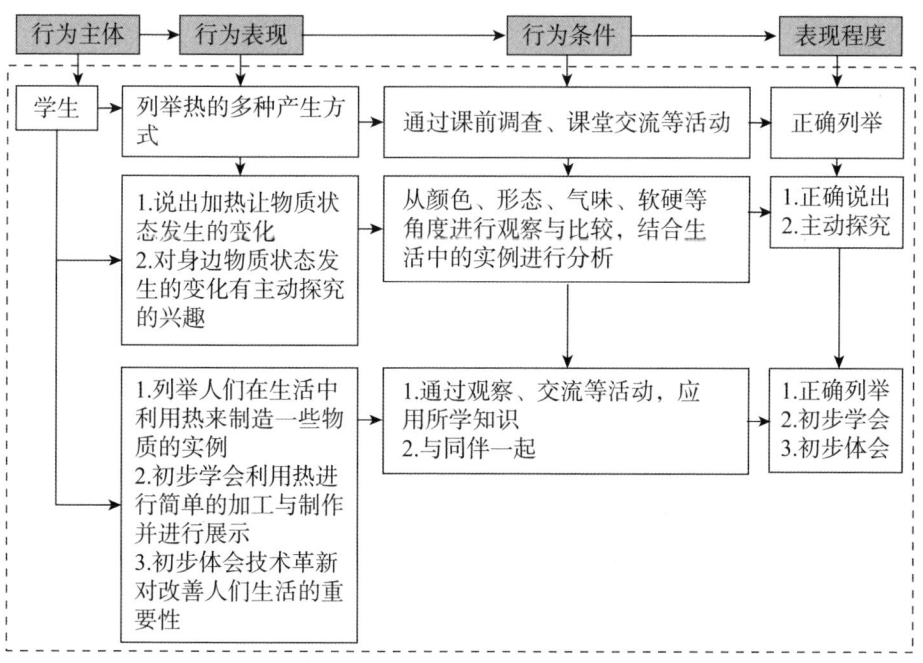

图 3-4 "加热"单元教学目标要素关联图

2. 叙写完整的教学目标（行为条件＋表现程度＋行为表现）

第一，通过课前调查、课堂交流等活动，正确列举生活中常用的几种加热方式。

第二，从颜色、形态、气味、软硬等角度进行观察与比较，结合生活中的实例进行分析，正确说出加热让物质状态发生的变化，进而主动探究身边物质状态发生的变化。

第三，通过观察、交流等活动，应用所学知识正确列举人们在生活中利用热来制造一些物质的实例；与同伴一起；初步学会利用热进行简单的加工与制作并进行展示；初步体会技术革新对改善人们生活的重要性。

二、分享学习目标和实现指标[①]

教学目标是指教学活动的主体在具体教学活动中所要达到的预期结果、标准，由教师和学生共同完成。学习目标具体描述的是期待学生学习的内容、学习质量的标准以及达成目标的方法。学习目标可以视为对教师期待学生从某种特定的任务中学会什么的概括性描述，指向的是结果或目标。教学目标中包含着学习目标。它们都是为了学生的学习而设立的，都是为了帮助学生学习并使其成为更有效的学习者。

实现指标是对学生用于达成学习目标或形成某种表现的策略的具体描述，指向的是学习策略或方法。实现指标可以视为对学习质量的具体描述，也可以视为学习成功的证明、成果或表现。

令人困惑的是，很多教师虽然非常详细地向学生解释了学习任务，却没有与学生分享自己期待他们从任务中学到什么、在完成任务的过程中学习什么、在完成任务后他们的学习会达到什么程度。

我认为，分享学习目标和实现指标的意义在于，当学生获知关于自己学习的信息时，他们能够对自己的学习承担更多的责任，成为更有效的学习者。

下面我结合一些具体案例提出三方面的操作建议。

（一）如何撰写可分享的学习目标

撰写学习目标能让教师明确想要学生学到什么。学习目标越明确，越符合学生的实际情况，教师的每一次努力就越容易获得成功。

学习目标可以有多种表述形式，如说明、判断、学习、提示、额外的努力、成

[①] 张敏.浅谈在自然课中分享学习目标和实现指标[J].上海课程教学研究,2016(12).

就。小学自然（牛津上海版）二年级"加热"单元中的第二条教学目标为"与同伴一起，初步学会利用热进行简单的加工与制作并进行展示"，这一单元教学目标要通过"利用热来制造一些物质"一课来达成。在将单元教学目标转化为本课的学习目标时，教师要避免简单复制单元教学目标，表述要具体、可测。比如，可以细化出"在制作过程中，能够正确使用火柴等加热材料和工具"这一学习目标。这一学习目标既是情感、态度与价值观维度的要求，同时也是知识与技能维度的要求。当然，这一学习目标还可以有其他表述形式，比如，说明：在制作过程中，正确使用火柴等加热材料和工具；判断：我将在制作过程中正确使用火柴等加热材料和工具；学习：我要学会在制作过程中正确使用火柴等加热材料和工具；提示：记住在制作过程中要正确使用火柴等加热材料和工具；额外的努力：我在制作过程中会尽量正确使用火柴等加热材料和工具；成就：我能在制作过程中正确使用火柴等加热材料和工具。

教师撰写学习目标时，要从三维目标整体出发，进行综合考量。确定的学习目标要具有可检测性、可操作性。在语言表述上，教师不仅要考虑学习目标表述的概括程度或具体程度，还要考虑学生的接受能力。

（二）如何撰写可评价的实现指标

实现指标是对学习质量的具体描述，可以视为学习成功的证明、成果或表现。教师要记住，实现指标不是为了记录下学生的进步情况，而是为了促成进步。

在《分享学习目标》一书中有这样一个例子。初始的指标设计如案例一所示，修改后的指标设计如案例二所示。

「案例一」

学习目标：我们将动物分成脊椎动物和无脊椎动物两大类。

实现指标：我们将知道脊椎动物又分成五个类别；能够说出这五个类别的名称；能够说出每一类别的特点；能够将动物按照脊椎动物和无脊椎动物进行分类。

作者伊恩·史密斯（Lan Smith）指出，上述指标并没有让学生表达他们对某一知识点或某一事物的理解，也没有帮助学生掌握或者理解这些知识，仅仅是让学生呈现自己知道哪些（在很多情况下是让他们呈现自己不知道哪些）。

> **案例二**

学习目标：我们将动物分成脊椎动物和无脊椎动物两大类。

实现指标：我能根据有无脊椎的特点将提供的动物进行分类；用思维导图的方式写出脊椎动物和无脊椎动物的主要区别，并列出主要种类；根据动物的形态特征、呼吸特点等将提供的动物名称分别填进对应的鱼类、两栖类、爬行类、鸟类和哺乳类栏目；用图画的方式表示鱼身体各部分的形态特点，标注名称并写出主要作用，如鱼鳞排列整齐能保护身体。

比较修改前后的实现指标，可以注意到在撰写实现指标时，要将实现指标和学习目标紧密联系起来，避免实现指标只是对学习目标的简单重复，避免实现指标只是对成堆结果的简单描述，避免直接给出教师想要的正确答案，避免只是简单告诉学生得到正确答案的策略。

根据上述方法，我尝试将小学二年级"加热"单元中的第二条教学目标转化为学习目标并撰写了实现指标，如案例三所示。

> **案例三**

学习目标：能够正确使用火柴等加热材料和工具，与同伴一起，初步学会利用热进行简单的加工与制作并进行展示。

实现指标：我能合理选择材料；明确规范操作的步骤；按实验规范，制作出图案清晰、无破损的作品；在全班展示时正确描述蜡烛在制作过程中出现的现象和变化。

教师在撰写实现指标时应尽量避免使用陈述、知道、理解等词汇，可以使用动词"能"来体现学生如何运用知识和表达自己对知识的理解，确保实现指标关注学生的理解，而非简单的过程或结果。

（三）如何与学生分享学习目标和实现指标

学习目标和实现指标可以是针对个体学生的，也可以是针对学习小组的。教师与学生分享学习目标和实现指标，要注意选择合适的时间和契机。若整堂课围绕一个总的学习目标展开，教师可以在课的开始就直观地展示并阐明，并让学生在学习过程中能够随时看到学习目标和实现指标；若整堂课围绕多个有梯度的学习目标展开，教师可以在每一个与学习目标相对应的学习活动开展前予以穿插呈现。

1. 整堂课围绕一个总的学习目标展开

前面呈现过的"加热"的学习目标案例就属于整堂课围绕一个总的学习目标展开的情形。在分享学习目标和实现指标时,我们尝试借助学习单进行无痕分享,并组织学生开展活动,学习单如案例四所示。

「案例四」

"制作卡通蜡烛"学习单

活动:与同伴一起,正确使用火柴等加热材料和工具,制作一个卡通蜡烛。

1. 从下列物品中找出制作卡通蜡烛时需要用到的加热材料和工具并打"√"

火柴　　蜡烛　　模具　　护目镜　　水　　玻璃杯　　棉线　　镊子
(　)　(　)　(　)　(　)　(　)　(　)　(　)　(　)

2. 请按照正确步骤进行排序

(　)把蜡油准确滴入模具,滴满后把蜡油移出模具,确保蜡油不外溢。

(　)把棉线放入模具,露出灯芯。

(　)轻轻扭动模具,完整取出蜡模。

(　)把模具放入水中等待蜡模冷却,确保水不进入模具。

3. 当场完成制作,及时观察实验现象和变化

4. 我们的发现

蜡烛加热后,从_____状态变成了_____状态;蜡模冷却后,它又变成了_____状态。

5. 完成"制作卡通蜡烛"小组评价表

表 3-1　"制作卡通蜡烛"小组评价表

活动要求	达成情况
能合理选择材料	
能明确规范操作的步骤	
能按实验规范,制作出图案清晰、无破损的作品	
能在全班展示时正确描述蜡烛在制作过程中出现的现象和变化	

(注:达成活动要求的,可以在"达成情况"一栏中用"☆"表示)

2. 整堂课围绕多个有梯度的学习目标展开

以小学二年级"平衡"一课为例,一堂课的学习目标有两个,学习目标和实现指标都是针对小组的。教师选择分别在每一个学习活动开展前向学生分享学习目标和实现指标,同时结合活动内容将活动要求融入学习单,请学生在活动开展过程中进行合理的小组评价,如案例五所示。

案例五

学习目标1:我们将用实验的方法比较不同物体(瓶子高低不同、瓶子底部支持面大小不同)的稳定性。

实现指标:我们能小组一起参与;用实验的方法比较哪个瓶子更稳一些,及时记录实验数据与现象;根据实验数据与现象及时进行推测,正确描述它们的特点。

表3-2 "比较不同物体的稳定性"学习单

活动内容	活动要求			小组自评
	☆☆☆	☆☆	☆	
设计实验	所有组员一致决定	部分组员商量决定	个别组员独立决定	
正确操作	有合理的分工	有明确的分工	有时不按分工	
	严格按照要求	部分按照要求	有时不按要求	
	仔细观察	一般观察	粗略观察	
	及时完整记录	及时完成记录	粗略记录	
找到发现	依据实验,进行推测	根据经验,进行推测	没有概括或推测	

学习目标2:我们将尝试用12块乐高积木来搭建又高又稳的塔。

实现指标:我们能小组分工合作,一起参与;利用所学知识尝试设计合理的方案,用草图记录下来;用实验的方法反复进行比较,判断哪种方案更加有效,并说出理由。

表3-3 "搭建又高又稳的塔"学习单

活动内容	活动要求			小组自评
	☆☆☆	☆☆	☆	
说一说	所有组员一致决定	部分组员商量决定	个别组员独立决定	

（续表）

活动内容	活动要求			小组自评
	☆☆☆	☆☆	☆	
画一画	草图完整，看得懂	大概轮廓，能明白	马马虎虎，有交代	
试一试	根据草图，反复实验	根据草图，进行实验	不按草图，随意操作	
改一改	效果明显	效果较明显	效果不明显	

设计学习目标2的目的是检验学生对"物体越高越不稳，宽大的底部有助于物体的平衡"这一知识点的掌握情况。教师在确定实现指标时不能过于简单或直接。给出具体的步骤，展示最终的结果，会束缚学生的创造性、想象力和主动性。在这里，教师需要寻找一个好的激励点，提出较为宽泛的学习目标，让学生向着学习目标行动，最后再回过来看看哪种方法更加有效。同时，教师需要和全班学生在任务开始之前讨论任务本身，然后和他们一起提出一些活动要求，表3-2和表3-3这两张学习单就是教师与学生一起商量后决定的。

以上，我对分享学习目标的意义、撰写与分享学习目标和实现指标的策略等进行了一些简要的说明。需要指出的是，教师确定、使用学习目标和实现指标时，要考虑到学生个体能力的差异。即使对所有人都使用了相同的实现指标，也应意识到学生在一段时间后会提高到不同的水平。

三、目标导向，探究导学[①]

教学目标是教学实践的方向标，是教师对学生达到的学习成果或最终行为的明确阐述。无论是在教学设计中，还是在教学过程、教学评价中，教学目标始终作为核心存在，引导教与学的展开。

上海市小学自然课程标准中要求"小学自然课程以科学探究为核心，让学生经历探究活动和解决问题的过程，感受科学的过程和本质，培养探究精神，发展'学会学习'的能力，为终身的学习和生活打好基础"。学生可以在探究活动中认识科学概念，形成研究自然所必需的探究能力，进而形成探究未知世界的积极态度。放手让学生在动手、动口、动脑的协调之中，进行自主探究活动，可以发展学生的认知结构。自主学习也是一种教师以目标为依据，精心创设情境，启发、引

---

① 课例由上海市青浦区重固小学周枞老师提供。

导、促进学生充分参与和主动探究的课堂教学模式。在课堂中,学生探究活动的设计当然也建立在教学目标的基础之上,科学探究活动应始终围绕教学目标开展。下面以"黏土与陶器"一课为例,来谈谈如何在目标导向下引导学生进行自主探究。

(一) 基于标准,依据实情,初设目标

在确立探究内容之前,要确立教学目标。"黏土与陶器"一课属于"物质世界"一级主题下主题一"材料与物质"中"材料及其性质"和"物质的变化"模块下的内容。此外,教师所在的重固小学靠近福泉山。福泉山被考古学家誉为"古上海的历史年表"。福泉山遗址在2001年被国务院列为全国重点文物保护单位,其中出土的各个时代的陶器、玉器等艺术精品是探索中华文明起源等问题的重要实物例证。福泉山是近年来重固小学开发一系列校本课程的重要载体。结合福泉山古陶器文化进行教学也成为教师进行本课教学目标设计时思考的一个重要方面。再则,本课的教学对象为农村小学三年级学生,其中一半以上为随迁子女,前两年的自然课都由兼职教师来上,学生基础较为薄弱。综上所述,教师参考上海市小学自然课程标准,并结合学校及班级学生的实际情况,确立了四个目标。第一,通过体验泥碗制作过程、交流制作泥碗的感受,比较从校园中采集的土壤与黏土的不同,知道黏土颗粒小、黏性强的特点。第二,通过实验比较阴干和烧制的黏土球的不同,知道黏土经过烧制后会变得坚固且不会再还原成黏土。第三,通过烧制黏土球和观看视频,说出陶器的加工方式和生产过程。第四,通过认识、欣赏博物馆中的福泉山陶器和珍宝,感受福泉山悠久的历史文化及古上海人的智慧,增强对家乡文化的热爱。

(二) 以科学发展史为线索,引导探究

科学发展史教育可展示科学知识的产生过程,加深学生对科学知识的理解。科学发展史中记载着人类探索事物、发明创造的过程,有利于学生掌握科学方法,是培养学生科学态度和正确价值观的良好素材。在科学课中,我们可以以科学发展史为线索进行探究。这样一来,既创设了情境,激发了学生的自主探究欲望,又让学生在探究的过程中体验前人的探索历程,感受古代劳动人民的智慧。

在"黏土与陶器"一课中,为了达成教学目标3和教学目标4,我们以福泉山陶器的材料演变发展史和陶器加工方式的演变发展史为线索,引导学生进行探究。

在制陶材料演变方面,我们先从学生容易想到的材料——普通泥土出发,课前带领学生尝试用校园土壤制作泥碗,让学生通过体验活动以及观察制作的结果,初步了解使用校园土壤制作陶器的不足之处,进而思考"如果你是福泉山先民,你会如何改进以制作出更加精美的陶器"等问题,再通过交流,引出制作陶器的主要原料——黏土,最后让学生通过观看视频,分析归纳,得知现代经过改良后的原料——陶土,带领学生逐步体验古上海人探索陶器选材的过程。

在加工方式演变方面,我们同样从学生容易想到的方式——晒干或阴干入手。在问及"陶器制作成型之后怎么办"时,学生往往会给出"放到阳光下晒""自然风干"等答案。因此,我们引导学生观察课前制作的泥碗在晒干之后的变化,在课堂中比较阴干的黏土球与烧制的黏土球的差异,让学生通过自主探究发现只经过晒干或阴干的陶器存在的问题(如容易开裂、不够坚硬、遇水就化了)。发现晒干、阴干的不足之后,学生往往会想到用火烧。这时,我们让学生自己尝试烧制黏土球。在烧制的过程中,学生体验到了陶器加工的进阶过程——简单烧制,但在烧制之后,学生也会发现一些问题(如开裂了、仍然易碎)。我们鼓励学生进一步思考"是否烧制时间长一点会更好、是否烧得不够均匀、是否在加工方式上存在问题"等问题。我们还通过视频讲解,揭示完整的陶器制作过程,帮助学生了解近代陶器加工方式——烧窑。如此一来,就让学生在课堂上体验并了解了陶器加工方式的演变历程。

整个教学设计聚焦问题解决,将学生的自主探究融合其中,既让学生顺利进行了探究活动,又让学生在不知不觉中跟随福泉山先民探索的脚步,了解了陶器的加工方式和生产过程,体验了福泉山古陶器文化的发展和演变,感受到了上海劳动人民的勤勉与智慧,从而增强了对家乡文化的热爱。

(三) 活用对比实验方法,深入探究

学生在开展探究活动时,往往会遇到一些困难。我们尝试利用对比实验突破教学的难点,加深学生对概念的理解,帮助学生顺利进行自主探究。

1. 对比实验突破教学的难点

在科学课堂中,教师有时抛出的问题对学生来说有一定难度,学生会感到难以解答甚至无从思考。这时,利用对比实验,往往能帮助学生找准重点,让学生有的放矢地进行进一步的思考与探究。

针对教学目标 1 的要求,我们重点解决陶器选材的问题。"你们认为怎样的泥土更适合做陶器"这样的问题对于这些基础较为薄弱的学生来说范围较广、难度较大。在第一轮课教学时,学生都感到很难解答,若是直接让他们观察黏土,又无法突出黏土相较于普通土壤在制陶上的优势。因此,在改进课中的这一环节,教师采用了对比实验,让学生同时观察1号(校园土壤)和2号(黏土)两份泥土样本,在不知道两份分别是什么泥土的情况下,通过看一看、手指蘸水捏一捏等活动进行比较,说说哪种泥土更适合制作陶器并阐明理由。这样一来,学生不但认识到了黏土的优势,而且了解了黏土的特点,可谓一举两得。

2. 对比实验加深对概念的理解

在了解陶器加工方式环节,阴干是学生容易忽略但又非常重要的一步,若是通过观看视频得知,学生会由于体验不够难以记忆,但若通过比较实验观察思考得知,学生就会印象深刻。因此在烧制黏土球环节,教师让6个小组烧制已经阴干了的黏土球,让另外6个小组烧制刚刚捏好的湿黏土球。这样,在实验之后的交流过程中,学生就会主动思考"为什么有的黏土球开裂了,有的却完好无损"等问题。如果再比较烧制前的黏土球,学生就能得出"阴干了的黏土烧制后不容易开裂"的结论了。如此一来,学生不但对于阴干这一步印象深刻,而且也能理解在烧制之前要先阴干的意义了。

针对教学目标2,教师同样设置了两组对照,即在装水的大烧杯中放入阴干后的黏土球与烧制后的黏土球,让学生通过直观地观察"入水即化的阴干后的黏土球"和"入水依然坚固的烧制后的陶球"两种对比强烈的现象,明白"黏土经过烧制后会变得坚固,并且不会再还原成黏土"这一知识点。

(四)借助博物馆资源,拓展探究

博物馆作为校外科学资源的重要组成部分,对于科学课有着重要作用。博物馆中有很多与科学课相关的宝贵资源,参观博物馆是学生课后进行自主探究的重要途径。

教师在课前走访了很多博物馆。其中,上海博物馆、青浦博物馆、崧泽遗址博物馆都陈列着福泉山出土的文物。在这些博物馆的电子阅览器中,还展示着与陶器制作相关的内容。因此,在教授了"黏土与陶器"一课后,围绕教学目标3与教学目标4,教师布置了一个博物馆寻宝任务,并让学生根据图3-5所示的学习单和图3-6所示的任务单在青浦博物馆中找一找来自福泉山的陶器,以使学生有目的地进行参观、探索。学生课后在父母的指导下前往博物馆,近距离欣赏福泉山出土的文物,了解更多与陶器相关的知识,进一步激发自己对于陶器及福泉山古文化探究的兴趣。课后很多学生兴趣盎然,过完双休日就把表3-4所示的评价表交给了教师。对于农村学校的学生来说,这节课的效果是比较理想的。由于博物馆中还有古桥、编钟等展品,这也为学生之后学习声音、力学等知识打好了基础。

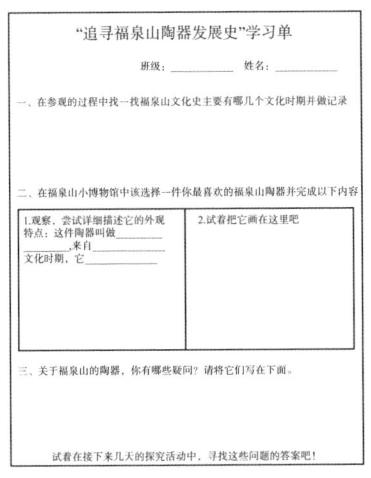

图3-5 "追寻福泉山陶器发展史"学习单　　　图3-6 青浦博物馆"寻宝"任务单

表3-4 "追寻福泉山陶器发展史"评价表

班级:_____ 姓名:_____

学习单上的疑问,你都找到答案了吗?请挑选一个,将问题和答案写下来吧!

我的疑问:

我的解答:

类别	内　　容	自　评
学习表现	我能认真参与福泉山遗址活动,并完成学习单	☆☆☆☆
	我能规范操作,完成分工任务,参与到实验活动中去	☆☆☆☆
	我能根据要求,用黏土成功制作出福泉山陶器	☆☆☆☆
	我在青浦博物馆中,能成功找到任务单上的福泉山陶器	☆☆☆☆
学习动力	我喜欢了解有关福泉山陶器的知识	☆☆☆☆
	课后我会从网络上、书籍中了解更多有关福泉山陶器的知识	☆☆☆☆

(续表)

类别	内　容	自　评
我的学习感想		

博物馆是展示本地区文化资源的一个窗口。因此,对于从其他地区来的人们来说,参观博物馆是了解该地区历史文化的一个有效途径。重固小学的学生中一半以上属于随迁子女。作为新上海人,他们对于上海本土文化仍不甚了解。因此这次的亲子博物馆之旅不但能让学生了解相关知识,而且能让家长对上海本土文化有进一步的了解。

综上所述,在这堂课中,教师从目标导向、探究导学的角度论证了教学活动设计离不开教学目标的观点。我们在引导学生自主探究学习时,应始终围绕教学目标展开,这样才能使探究活动更加切实有效。同时,我们也可以运用各种策略,借助各种社会公共资源来引导学生自主探究,从而使学生更加有效地获得知识,感受家乡文化,以提高科学教学实效。

四、合理设计活动评价表,建构可见的学习过程[①]

学习常常是在头脑中进行的。教师教学的一大目的就是在活动中通过搭建脚手架来帮助学生看见并调整自己的学习过程,最终达成学习目标。因此,可见的学习过程既有助于教师了解学生的学习现状,及时反馈,实现评价促进学生学习的目的,又有助于学生在明确学习目标的基础上,观察自身的学习进程,判断自己与目标的差距,修正学习行为,逐渐实现自主学习的目标。

学生需要经过多个活动的反复实践,才能深层次地理解科学知识。而低年级学生的理解能力和自主学习能力较弱,如何帮助他们建构可见的学习过程呢?

---

① 课例由青浦瀚文小学徐剑兰提供。

笔者认为,设计集易接受的学习目标、可明了的活动步骤、可检测的实现指标、多样化的评价方式于一体的活动评价表,能在活动中指导学生成为更有效的学习者。

(一) 教学目标应转变为易接受的学习目标

在教学中,学习应始于"逆向设计"。这就要求教师在分析教材、解读课程标准的基础上,了解学生已有的知识经验和技能水平,确定学生能达到的学习目标。

"鸟在巢里下蛋"是小学自然(牛津上海版)第四册第三单元"卵生的动物"中的教学内容。本单元学习的卵生动物以常见动物为主,包括鸟类、昆虫、其他常见节肢动物(蜘蛛和鼠妇)及软体动物(蜗牛和蛞蝓)。学生对鸟类有较多的生活经验和知识准备。把该课时作为第一课时,能更好地激发学生的探究兴趣,同时为其他卵生动物的学习打好基础。学生通过阅读书本、收看电视节目、观察自然现象等方式,知道鸟会筑巢和下蛋、鸟妈妈会孵蛋和哺育幼鸟等知识。但这些知识大多以零星的记忆性知识和事实性知识为主。基于学情分析、教材和课程标准解读,确定该课教学目标如下:(1) 通过课前实地考察鸟巢、课上细致观察鸟巢并进行交流,知道鸟在春天筑巢,为产卵做准备;(2) 通过观看鸟妈妈哺育幼鸟的视频与交流活动,说出鸟妈妈在巢中孵蛋、哺育幼鸟,知道鸟是卵生动物,体会鸟妈妈哺育幼鸟的辛劳,增强爱鸟护鸟的意识;(3) 通过观看喜鹊筑巢的视频,尝试选择合适的材料制作鸟巢,体会鸟筑巢的艰辛和鸟巢的精妙。

从上述教学目标中可以看出,本节课把学生感兴趣的鸟巢作为主线,通过观察、制作、交流等活动帮助学生了解鸟巢相关知识(筑巢是鸟类产卵前要完成的重要准备工作,鸟巢是鸟妈妈孵化鸟蛋、哺育幼鸟的场所),进一步加深学生对鸟类繁殖方式的认识。因此,在制作鸟巢这一综合性科学实践活动中,教师需要将三个教学目标进行整合,确定哪些学习目标需要学生理解并付诸制作活动,思考怎样表述才能为低年级学生所接受。

通过对本课教学目标的再分析,教师将教学目标1转变为学习目标1"能选择合适的材料制作鸟巢",将教学目标2和教学目标3转变为学习目标2"能制作牢固、舒适的鸟巢"。

(二) 活动要求应呈现可明了的活动步骤

对低年级学生来说,面对教师提供的一大堆操作材料,要独立完成一个制作任务并非易事。因此,在活动前,教师有必要帮助学生梳理清晰而具体的活动步骤,并以简洁明了的方式告诉学生;在活动中,教师应把操作步骤罗列在纸质评价表中,便于学生随时对照进行学习,提高活动的速度和质量。

根据鸟巢的制作流程,活动步骤大致包括:(1) 准备工作,能戴上手套和护目镜制作鸟巢;(2) 实践任务 1,能选择合适的材料制作鸟巢,即学习目标 1;(3) 实践任务 2,制作的鸟巢牢固、舒适,能确保放入的鸟蛋不掉落,即学习目标 2;(4) 结束工作,能及时清理桌面。

(三) 活动要求应隐含可检测的实现指标

教师应根据上海市小学自然课程标准中"生命世界""物质世界""地球与宇宙"三个主题模块,分别从学习兴趣、学习习惯、学业成果三个评价维度设计评价内容和观察点对学生的学习开展评价。

在单课时的具体活动中,由于时间和空间有限,教师无法面面俱到地对学生开展三个维度下所有内容的评价。因此,教师可结合学生的认知特点和具体活动的学习目标,有所侧重,有针对性地选择评价内容,编制便于师生检测和判断的注重客观事实的实现指标。

制作鸟巢实践活动的学习目标主要涉及材料选择的合理性和结构搭建的牢固性。合理选择材料是一个较为主观的、难以用数据或事实进行判断的学习目标,学生的达成是建立在课前对鸟巢的实地考察和课中近距离观察鸟巢实物的基础上的,因此教师判断该学习目标是否达成时需要让学生口述选择这些材料的依据。鸟筑巢的目的是通过下蛋、孵蛋来哺育后代(即繁殖),因此搭建牢固结构的判断标准可以确定为能确保放入的鸟蛋不掉落。这是一个能用事实说话的标准,便于教师和学生检测。

对低年级学生来说,学习习惯的培养尤为重要。良好的操作习惯为学生后续安全而有效地开展探究与实验活动提供了保障。

综上所述,制作鸟巢小组活动评价表从操作习惯和科学实践两方面入手确定达成标准,如表 3-5 所示。活动要求 1 和活动要求 4 是对学生操作习惯的评价,活动要求 2 和活动要求 3 则是对其科学实践的评价。将实现指标融入活动要求,使学生能够对学习目标有一个清楚的认识并牢记,有助于学生在学习进程中测评自己的进展,指导自己的学习。

表 3-5　小组活动评价表——制作鸟巢

活动要求	自评	师评
1. 能戴上手套和护目镜制作鸟巢		
2. 能选择合适的材料制作鸟巢		
3. 鸟巢牢固、舒适,能确保放入的鸟蛋不掉落		
4. 能及时清理桌面		

(注:达成活动要求后,在自评一栏中填入一颗☆)

(四) 评价实施可选择多样化的评价方式

评价方式是多样化的,有自评、师评、互评、家长评等。自评是指学生依据一定的评价标准,对自己的学习进行分析和判断,并对自身的学习进行自我调节的活动。自评的实质是学生对自己学习意识、行为的反思和调控,能激发学生的学习动机,提高他们的自我调节和控制能力。在低年级的自然教学中,教师可以尝试鼓励学生对自己的实践成果进行自我评价。师评也是不可或缺的,它可以帮助教师了解学生学习情况,理解学生现状和期望目标之间的差距,及时修正自己的教学,及时修正自己对学生如何学习、如何活动的理解。

因此,在活动评价表中我们设计了自评、师评两种评价方式。目的是在发挥教师评价指导作用的同时,希望学生能对照评价标准,牢记制作鸟巢的学习目标,观察成果,发现鸟巢有哪些长处,反思还有哪些不足,促使他们校正目标,产生更高的学习热情。考虑到小学二年级学生的年龄特点和评价的可操作性,判断的标准已尽量简化,学生达成活动要求后可在自评一栏中填入一颗☆,未达成活动要求不得☆。

(五) 课例启示

在小学自然(牛津上海版)第四册第三单元"卵生的动物"下"鸟在巢里下蛋"的教学中,活动评价表对学生制作鸟巢的实践活动起到了较好的指导作用。它较有效地启发学生运用已学的科学知识对材料选择的合理性和结构的牢固性进行评价,激发他们课后进一步改进鸟巢的学习意愿。基于课例研究的实践,以下几点值得注意:

第一,在设计活动评价表之前,教师应通过解读课程标准和教材,在分析学生前概念的基础上确定教学目标,抓住该单元或课时的核心活动,将教学目标转化为学生能理解的学习目标。

第二,在设计活动评价表时,教师应尝试将核心活动的步骤、学习目标、实现指标、评价主体等要素融入其中,以简洁、易懂的方式呈现。评价时应从学习兴趣、学习习惯、学业成果三个方面入手,有侧重地将评价内容渗透到学习目标和实现指标中。

第三,活动评价表要贯穿学生学习活动的全过程。活动前,活动评价表是计划书,学生对该表要有清晰的了解,知道要做什么;活动中,该表是说明书,使学生知道怎么做;活动后,该表是检测书,学生通过对照实现指标获得反馈,了解自己做得怎么样。

合理的活动评价表,好似学习活动中的指路灯塔,告知学生学习目标在哪里,引导他们达成学习目标,帮助学生反思做得怎样、如何做得更好。有了这样的脚手架,教师和学生都能观察到学习的过程,发现长处,找到不足,及时调整,让评价融入教与学,真正实现评价即教学。

第二节

以概念进阶为核心的课例研究

学科概念,是指对于某一节课、某个学段乃至某门学科教学发挥统领、主导作用的概念。[①] 拎住了学科概念,就等于抓住了该学科教学通道的切入口;吃透了学科概念,就等于掌握了该学科知识的精华要素。对于小学自然学科,概念说法层出不穷。在强调回归学科本源、深化教育内涵的大背景下,其中的学科概念便成为我们甄别和把握的关键。

通过近年来的问卷调研和课堂诊断等,我们清晰地看到,青浦区小学自然学科的课堂正在发生可喜的变化,但同时也遇到了瓶颈性问题。如教师对教学内容(科学概念)内涵和学情缺乏精准的把握,落实目标的过程与方法流于形式,学生主动学习能力弱。

因而,引领教师拎住、吃透学科概念以把握学科本质,让教师根据过往及教学活动中所呈现的学情采用适当、精准的策略去教学,从而实现"以学定教、少教多学、鼓励挑战性学习",进而打造生动、活泼、知能并进的小学自然新课堂,切实提高学科教学成效,便成为我们学科教研指导人员的要务,也成为"近忧远思"的课题。

为了经历学科概念教学指导从无到有、从有到优的全过程,经过商议,我们选择研究职初教师沈老师执教的"溶解"一课,这是小学自然(牛津上海版)三年级第二学期"液体、气体、固体"单元中的一个课时。鉴于职初教师不熟悉课程标准要求与教材内容逻辑,无从了解学生学情等情况,我们在课例研究中帮助沈老师从教材和学生两方面着手。

一、精准把握科学概念的内涵[②]

按照惯例,执教者沈老师独立进行教学设计。在课堂观察前我们准时收到

---

① 朱培伟.提高课堂效率的捷径——核心概念教学[J].赤子(下旬),2016(5).
② 张敏,陆志红.在实验过程中领悟概念形成的教学策略——以"溶解"一课为例[J].中国现代教育装备杂志,2014(18).

了沈老师的教学设计文稿。

「案例」

沈老师的教学设计文稿

一、导入,引出溶解概念

第一步,学生品尝浸泡在食盐溶液中的菠萝,发现食盐溶解在水里。

第二步,引出食盐水是一种溶液,给溶液、溶解下定义。

二、新授,研究固体在水中的溶解现象

(一) 制作食盐溶液

第一步,制作食盐溶液,取少量食盐放入水中,用搅拌棒沿着一个方向均匀搅拌,直至食盐完全溶解。

第二步,不断添加食盐,观察与交流实验现象。

第三步,设计实验,小组交流让没有溶解的食盐完全溶解的方法(如加热、加水、搅拌)。

(二) 观察、比较、发现

第一步,观察木屑、糖、沙子等物质在水中的溶解情况。

第二步,交流各自的发现。

第三步,归纳,有些物质容易溶解在水中,有些物质不易溶解在水中。

第四步,列举生活中其他易溶于水和不易溶于水的固体。

三、新授,研究气体和液体在水中的溶解现象

(一) 溶解于水中的气体

第一步,学生观察金鱼在水中的呼吸现象。

第二步,教师加热试管中的水,学生观察气体在水中的溶解现象。

第三步,归纳,水中有溶解的空气,气体在水中能溶解。

(二) 溶解于水中的液体

第一步,教师在水中滴一小滴红墨水,学生观察红墨水在水中的溶解现象。

第二步,归纳,液体在水中能溶解。

从沈老师的设计文稿看,教学步骤比较清晰。通过比较教学设计与教材,我

们感到沈老师的教学设计基本遵循了教材上的内容安排,实验活动量充足,既有三次教师演示实验,也有四次学生分组实验。但沈老师安排这些活动到底是为了丰富学生哪些关于溶解的概念?我们明显感到沈老师对于内容的把握存在问题。由此看来,从教学内容出发,帮助沈老师正确进行教学设计很有必要。我们决定与沈老师进行一次深入访谈。我们试图从执教者的角度探寻沈老师对于溶解现象和学生的理解,搞清楚沈老师的教学设计意图。

以下,是我和沈老师的一段对话:

我:你怎么理解溶解现象?

沈老师:物质变成小分子扩散到液体中变为溶液。

我:你觉得学生能理解吗?

沈老师:不太能理解吧。

我:那怎么才能让学生理解?

沈老师:观看溶解视频,比如食盐溶于水的视频。

……

从访谈结果看,沈老师对小学三年级学生要将溶解概念学习到什么程度还不清楚。于是,我们认为有必要引导她从内容分析入手,思考怎样把溶解的概念细化、剥离出来,尤其要帮助她理解溶解概念应该包含的具体内容,即物质变成肉眼看不见的极小极小的微粒,均匀分散在水中,用沉淀或过滤的方法不能分离出来。

二、精准把握学生的认知起点

如果说第一步是帮助沈老师准确解读概念,那么第二步就是帮助沈老师精准把握学生的认知起点。对于学生的了解,主要使用的工具是前测问卷。问卷中包含很多生活情境题。考虑到学生的年龄特点,答题时可采用图画和文字结合的形式。

前测题1:妈妈煮汤时会往汤里撒一些食盐,食盐撒入汤里后会有什么变化?请你试着把变化的过程一步步描述出来(可以用图画呈现)。

前测题1统计结果如图3-7所示。较多的学生用图画呈现了盐在水中慢慢变化的过程,使用了溶化、融化、溶解、变小等词。虽然他们的用词不是很规范,但近一半的学生用到了溶解这个词。

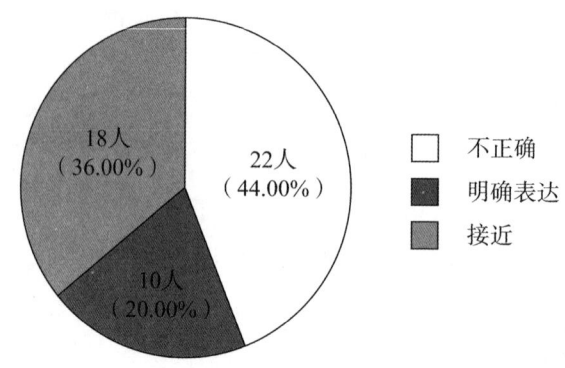

图 3-7　前测题 1 统计结果

前测题 2：小红把面粉放进清水里，结果清水变白了。这是因为面粉在水里溶解了吗？

测试结果：学生对溶解概念的理解还停留在融化了、变白了、变小了等层面，比较浅显。

为了让学生真正理解溶解这一概念，基于前测分析，我又与沈老师进行了交流。

我：你再来看原来的设计。是不是你把第 51 至 54 页所有的内容都点到了，学生就能真正理解溶解概念了呢？

沈老师：我知道了，一定要根据第 51 至 54 页的内容从整体上去分析，要有所铺垫，一步一步引导学生理解溶解这个概念。

我：对。在不同阶段应设计不同的活动来实现教学目标。

沈老师：我懂了。不同阶段对应不同的活动。这些活动就是一个个铺垫。

……

看来，沈老师已经悟出了通过铺垫帮助学生形成概念的策略。

三、让铺垫在概念形成中发挥作用

（一）仔细观察与比较，确认浅层的概念特性

从图 3-8 中可以看出，学生在这一轮课中需要参与三个教学活动，并思考对应的概念。这样的教学设计，不仅有助于学生应用和巩固已习得的对比观察方法，还有助于学生加深对微粒的理解。对物质变化前后进行观察与比较是认

识变化的一个重要方法。活动一中,变化前,食盐、糖、沙子等物质均为晶体状颗粒,是可见的;变化后,这些物质的颗粒均不能用肉眼观察到。这其实是溶解的第一特性,即有些物质能溶解,变成肉眼看不见的微粒。

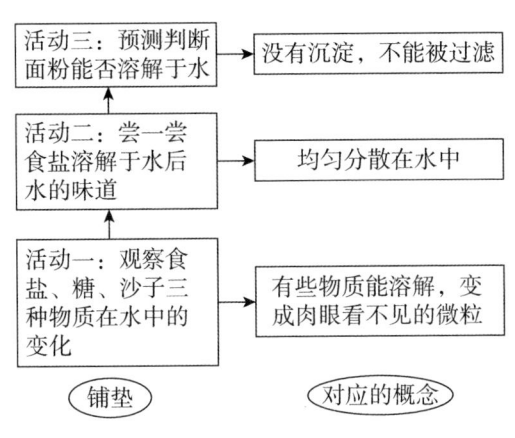

图 3-8　教学活动及对应概念

(二) 调动多感官帮助认识,理解深层的概念特性

活动二中,为了让学生理解"均匀分散在水中"这一溶解的第二特性,教师巧妙引出尝一尝的方法。教师搅拌食盐和水,请学生上来尝一尝。为了突出均匀,教师有意取杯中不同位置的水让学生尝,然后追问是什么味道。或许受味蕾感觉偏差和教师不停追问的影响,学生竟然回答咸、有点咸、更咸、没有味道……没有明白均匀的含义。

指导改进:换一种有颜色的物体,如红糖,这样不仅能让学生在味觉上感受,还能让学生在视觉上感受,从而知道溶解具有"均匀分散在水中"这一特性。

(三) 让学生设计实验,建立起完整的科学概念

活动三中,教师让学生去预测判断面粉能否溶解于水。刚开始受经验影响,学生齐答不能,但当教师让学生把少量面粉倒入水中后,学生发现面粉发生变化了,水不仅变白了,还伴有沉淀物。这算不算溶解?带着认知冲突,教师让学生思考"有什么办法可以证明面粉有没有溶解"。学生实验后,发现杯底依然有白色的沉淀物。这样,溶解的第三特性(没有沉淀,不能被过滤)就被揭示出来了。因而,关于溶解的完整的科学概念就建构起来了。

整节课,从观察到的信息来看,教师抓住科学概念的本质属性,选择有结构

的活动和材料,围绕学生建构科学概念的过程展开教学。学生基本上理解了溶解概念。但是有多少学生是经过自己主动思考弄明白这一概念的呢？为了搞清楚这个问题,我们从学的角度出发,指导沈老师又一次改进教学设计。

四、基于情境设计结构化的学习活动

图3-9是沈老师改进后的教学设计。

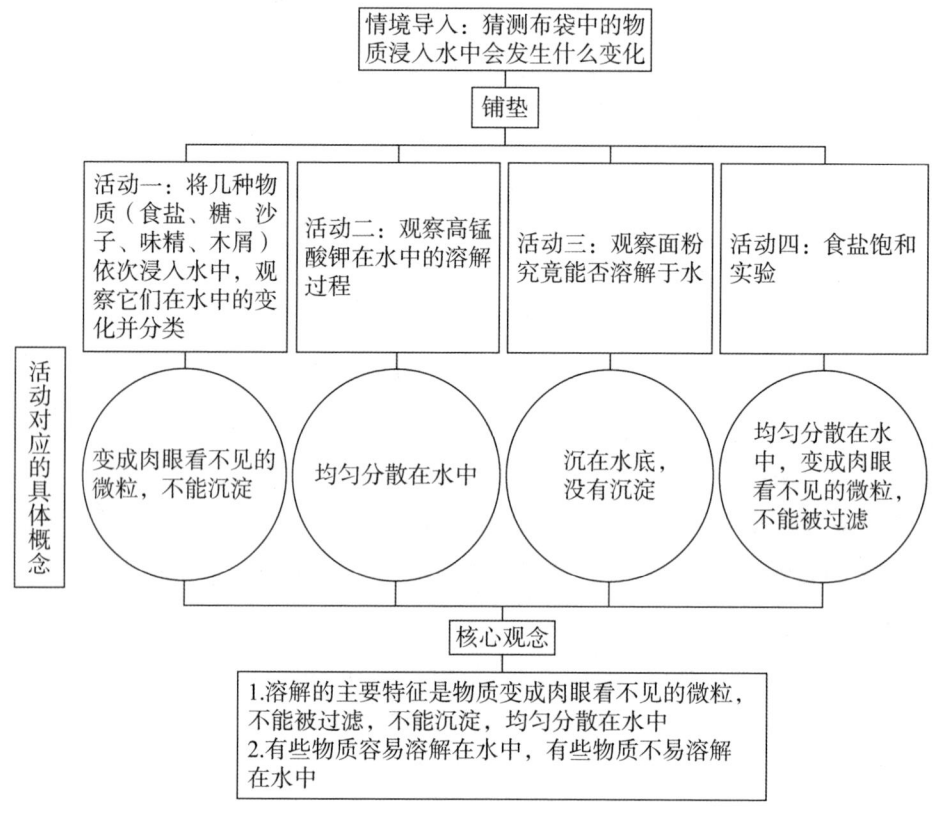

图3-9 教学活动及对应概念

（一）创设情境,抓住溶解本质巧妙导入

一个不起眼的布袋,悄无声息地躲在一个装满水的水槽里。这个布袋既没有使用名贵的布料,又没有彩色的花纹,里面装的不是金银,也不是珠宝,而是唾手可得的食盐、糖、沙子、味精、木屑。但就是这个不起眼的布袋吸引了全班50多双眼睛。就"浸入水中的布袋里究竟还剩下什么呢"这个问题,学生议论着、思

考着、交谈着……这就是沈老师又一次课的导入。沈老师利用学生的好奇心,以神奇的小魔术为突破口,把要学的概念、要做的实验改编为小魔术,让学生自己在课堂上找到答案。沈老师有意识地引导学生深入探究其中的科学知识。这样,可以扣住学生的心弦,提高学生的学习兴趣,激发他们的求知欲,使学生乐在其中、学在其中。

学生以小组为单位,小心翼翼地将食盐等物质一一放入水中,饶有兴趣地搅拌着、聚精会神地观察着、仔仔细细地记录着……

生1:"糖的颗粒变小了,不见了。"

生2:"木屑浮起来了。"

生3:"沙子沉下去了。"

生4:"老师,我发现食盐、糖、味精在水中颗粒会变小,最后不见了。"

生5:"老师,我发现木屑在水中没有变化,会浮起来;沙子在水中也没有变化,会沉下去。"

生6:"我们小组把食盐、糖、味精分为一类,这些属于易溶解物质;把木屑、沙子分为一类,这些属于不易溶解物质。"

学生就这样得出了答案:"在水中,易溶解物质的颗粒会变小,最后不见了。"这不就是溶解的本质吗?

(二)做中学,把溶解的过程呈现出来

沈老师在本次设计中加入了用实物投影仪展示高锰酸钾在水中的溶解过程的演示实验。由于紫色的高锰酸钾颗粒较小,在溶解过程中没有其他杂质产生(红糖也是一种不错的介质,只是由于红糖在实验中容易产生一些杂质,教师需要对学生进行解释),学生可以清楚地看到其颗粒由大变小,逐渐向四周均匀扩散,最后成了一杯颜色均匀的浅紫色溶液的溶解过程,建立起一种有效的图式。以下是师生在这个环节中的对话:

师:谁来描述一下高锰酸钾在水中的溶解过程?

生1:像烟雾一样升起来。

生2:像火山爆发一样。

生3:像油一样慢慢散开。

生4:整杯水慢慢变成紫色。

师:刚才的食盐、糖等物质,就是像高锰酸钾这样均匀分散在水中了。这种现象我们称之为溶解。你们在生活中是否见过这样的溶解现象？请举个例子。

生5：奶奶在做菜的时候放了很多味精，做好后味精没了。

生6：以前，我想在家里做一杯糖水。我把一些糖放到热水里，过一会搅拌一下，糖就没了。

生7：妈妈往豆浆里放了一块很大的冰糖，然后使劲搅拌，过一段时间后冰糖就没了。

生8：我以前嘴里发炎了，就会往嘴里倒点食盐，用舌头搅、搅、搅，会觉得很咸。

师：是用食盐来消炎，对吗？生活中还有许许多多这样的例子。

这节课中，教师让学生通过对比观察活动，了解物质在水中溶解时出现的现象，分析物质具有的特征，从而建立起科学完整的溶解概念。

我们来梳理一下其中的几个关键事件与对应的策略：（1）猜测布袋中还会留下什么——预测判断学生的已有概念；（2）食盐、糖、味精与木屑、沙子比较，得出溶解的特征是消失（在布袋上没有留下痕迹）——试测学生的反应；（3）观察高锰酸钾在水中的溶解过程，增加"均匀分散在水中"——针对学生已有的正确概念进行丰富；（4）面粉实验，增加"沉在水底，没有沉淀"——针对学生已有的错误概念设计活动，针对要纠正的概念准备器材；（5）食盐饱和实验后，进一步理解"沉在水底，没有沉淀"——在令人信服的基础上丰富新概念，通过证据让学生信服新概念。

溶解概念的形成过程就是一个不断同化、顺应，不断打破平衡、建立新的平衡的过程。在这个过程中，学生的认知水平不断提高。

总体来看，学生已经明白了物质溶解于水中的标准是什么。

五、启示

教学的目的不是告诉，而是让学生理解。学生真实的理解一定是自主探究的结果。教师重在设计与引导。教师要让学生置身于问题化的情境中，让学生主动去探究、体验和感悟。

（一）确定潜在距离，是让学生获得科学概念的前提

在戴维·奥苏贝尔（David Paul Ausubel）看来，学习的心理机制是同化和顺应，即学习者让新旧知识之间相互作用产生联系，借助原有认知结构中的知识吸

收并固定新知识的过程。这一理论给我们的启示是,教师要想让学生在科学课堂上建立科学概念,就要让概念和学生原有的真实想法相互作用产生联系。这是一种有意义的活动教学。在溶解概念的形成过程中,教师对学生的前概念(此岸)要了然于胸,并基于学生的前概念设计一系列的铺垫,引领学生走向科学概念(彼岸)。这时,真正的学习才能发生。

（二）有结构的活动（情境问题），是学生获得真实理解的平台

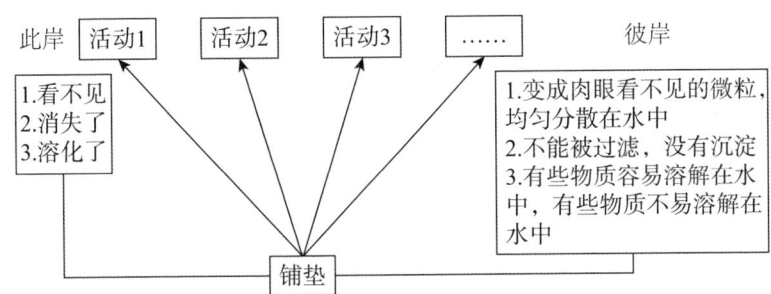

图 3-10 教学活动结构图

如图 3-10 所示,科学概念的形成过程实际就是由学生的认识向科学家的认识迈进的过程。从"像食盐、糖这样,在水中慢慢看不见、消失了、溶化了的现象"到"变成肉眼看不见的微粒,均匀分散在水中,不能被过滤,没有沉淀,有些物质容易溶解在水中,有些物质不易溶解在水中",学生对溶解概念的理解经历了从表象到揭示事物本质属性的过程。这一过程也是学生通过不断的探索主动建构新知识的过程。用学生的问题引导教学,为学生创设进阶式的探究情境,营造学习场,引导学生主动学习,发展学生的批判性思维（解释、分析、综合、评价）,是现代课堂教学的要义。教师理应为学生的真实理解而教！

（三）把握概念层级，重视概念进阶

"溶解"的教学改进之所以能取得较好的成效,大概是因为教师逐渐把握了概念教学中三个关键性层级(用关键词简化概念、在联系比较中澄清前概念与相似概念、在活动应用中促进概念理解与体系化),并设计了相应的教学活动。

1. 用关键词简化概念

概念,都是用一定的字词来表达的。它们往往有着较丰富的含义。这些字词要么是专家深思熟虑的结果,要么是大众约定俗成的结果。它们常常是相应概念内在含义最生动、最直接的表露。在概念中有一些字词切中要害,对概念起

限制、定位的作用。这就是关键词。教师要抓住关键词,设计相应的活动,让学生积极参与观测。

2. 在联系比较中澄清前概念与相似概念

概念的掌握需要通过不断的观察比较和阶梯状修正。学生学习前,头脑里并非完全空白,或多或少都带有一些生活概念,包括一些清晰或模糊的印象、正确或错误的认识。这就需要教师去唤起学生的已有印象,展现他们对概念的已有认识,充分挖掘和澄清其潜藏的前概念,并在联系与比较中区分相似概念。

3. 在活动应用中促进概念理解与体系化

掌握知识的最终目的是应用。学生对概念的理解,只有在活动应用中才能深化。这就需要教师有针对性地设计活动,让学生去应用、复习概念,并注意强调、引导学生将概念组成体系,从而将知识条理化、清晰化。

综上所述,在概念学习环节,教师围绕学科概念有层次地组织教学,不仅可以让学生从自己身边的事物出发,逐步建构概念,体会概念形成过程,有效地组织和记忆知识,而且有助于学生学会探究的方法,提升探究的能力,发展科学思维。

第三节

以导学单为核心的课例研究

一、研究背景

2010年前后,青浦一中的课堂教学改革初具成效,其最为突出的特点在于它是以预学习突破的独立学习。具体来说,包括三个方面。[①]

第一,每个学生都知道不同阶段的具体进步目标,并且能事先分清易学能懂与难学未懂的内容。通过预学习,学生能知道下一节课或者下一个单元自己要达到怎样的学习目标。同时,在这个过程中,学生能对将要学的内容进行清楚的区分,知道哪些内容是自己看看就能懂的、哪些内容是自己看了还不懂的。学生易学能懂的内容就不用教师多讲,教师要讲的是学生难学未懂的内容。

第二,在具体措施上,青浦一中采用了预学单制度。所谓预学单,就是教师为了帮助学生达成学习目标所设计的一个预学习导引单。教师通过阅读、练习、观察、实验等方式,引导所有学生倾情投入,鼓励所有学生"自读""自做"独立学习,为课堂上的针对性教学做好准备工作。相对于我们平常的教案,预学单不搞面面俱到,而是强调趣味、多样、简洁、实用。预学单可在课前使用,也可在课上使用;可针对学生个人,也可针对小组;可针对一个单元,也可针对一个课时;有基础、拓展、探究之分。

第三,一改往日形同虚设的预学习,学生能看懂的内容在预学习中完成学习;课上可"生教生",也可相互质疑解惑,教学针对性由此得以提升。有了预学单导引下的预学习,学生形成了良好的自学习惯,至少能够自己看书。预学习能看懂,学生自信心倍增,而这正是课堂教学的目标之一。同时,有了预学习,课堂上也就有了真正的"议"——我懂了你不懂的地方,我可以讲给你听,我不懂的地方我可以提出问题。这样一来,真正"生教生"的课堂就出现了。而且,通过帮助

[①] 摘录于顾泠沅讲稿《以学定教,少教多学,鼓励挑战性学习——新课堂实验促进教育转型》,有改动。

学生预学习,根据预学习的情况实施有针对性的教学,教师自身专业水平也提高了。教学有了针对性,每个教师都能提升,包括教学基础比较差的教师。教学基础比较差的教师往往很难学会针对性地教学,但是通过预学习,先让学生提出问题,把自己不懂的地方反馈给教师,这样所有的教师都能够让自己的教学有针对性。更重要的是,学生的挑战性学习行为得到了鼓励。预学习中,要区分易学能懂的内容和难学未懂的内容,易学能懂的内容不用说了,对于难学未懂的内容,学生也会想试试自己能不能啃下来,这其实就是挑战性学习。

青浦一中的经验在当时可圈可点。青浦教育进入新一轮的课堂教学改革,在各学科推进"以学定教,少教多学,鼓励挑战性学习"新课堂实验。2011年,我受命担任上海市新农村优秀青年教师专项培训班的导师。在第二期优青班学员的带教过程中,我逐渐总结了一些经验。聚焦课堂改进的课例研究是我带领这群年轻教师开展研修的重要抓手。探索小学自然"以学定教,少教多学,鼓励挑战性学习"新课堂实验,借鉴青浦一中预学单的使用经验,在自然课中用好导学单成了我带教第三期优青班学员的重要突破口。我还把青浦区的一些骨干教师吸纳进来,一同参与课例研究。

二、研究过程

本次课例研究是专题式研究,旨在寻找解决学科教学中存在的主要问题的方法,不同于以往的听评课。我们聚焦学科教学现状中焦点突出、矛盾集中、迫切需要解决的问题,通过导学单突破教学重点与难点。这种专题式研究注重合作共同体的建设,注重研究前的准备工作,注重技术的应用,注重观课视角的改变,强调用实证来说明观点,强调研究过程中的思维碰撞、倾听与回应、反思与提炼。每一位参与者都要完成课例撰写任务。这本身就是一种参与式研修,体现了"做中学"的理念。

我们以小学自然(牛津上海版)二年级下册第五单元中"温度与温度计"一课为载体,用导学单突破教学重点与难点,深入开展"以学定教,少教多学,鼓励挑战性学习"新课堂实验。我们确定观察点,应用观察工具进行课堂观察,基于实证对课堂教学提出操作性的建议,通过对课例中揭示的问题进行梳理、归纳、提炼,为"以学定教,少教多学,鼓励挑战性学习"理念的落实提供有效经验,积极提高参与者的研究能力与教学水平。

课例组成员包括上海市农村优秀青年教师专题研修班第三期小学自然组学员 8 名以及青浦区小学自然课例研究班第一期学员 20 名。我们把学员按观察点分为 5 个组（教学设计组、教学目标组、教师教学组、学生学习组、前后测组），每个组设置组长。其他后勤协助（包括摄影、摄像）由毓秀学校负责。按照惯例，我们确定了课例研究方案。表 3-6 至表 3-11 为部分过程性资料。

表 3-7　青浦区小学自然学科"以导学单突破教学重点与难点"的课例研究活动安排

时间	活动内容	预期目标	活动方式	关键词
2/5 至 2/15	1. 课例研究内容和计划制订 2. 前期准备、理论学习	1. 确定研究主题和内容 2. 落实活动地点以及组织工作	电话、电子邮件联系	策划与准备
2/16	1. 动员会议 2. 讨论如何在自然学科中体现以学定教	加强理论学习，深入领会新课堂实验的精神	集中网络教研	领会精神
2/23	1. 第一轮授课 2. 使用观察技术并研讨 3. 整理实录以及观察数据	1. 做好前后测工作 2. 就第一轮课形成问题诊断共识 3. 形成第二轮课教学设计思路	集中网络教研	全体做中学
3/22	1. 第二轮授课 2. 使用观察技术并研讨 3. 整理实录以及观察数据	1. 就第二轮课形成问题诊断共识 2. 形成第三轮课教学设计思路	集中网络教研	
3/23	1. 第三轮授课 2. 使用观察技术并研讨 3. 整理实录以及观察数据	1. 就第三轮课形成问题诊断共识 2. 形成三轮课改进梳理思路	集中网络教研	
4月至5月	1. 汇总数据进行纵向比较 2. 讨论梳理该课例研究的框架 3. 撰写课例	1. 确定每个小组的研究选题和初步计划 2. 形成课例研究的撰写思路 3. 形成课例研究对"以学定教，少教多学，鼓励挑战性学习"的建议	分小组、电话或电子邮件联系、FTP共享资源、集中网络教研	

（续表）

时间	活动内容	预期目标	活动方式	关键词
5/24	1. 课例报告交流会 2. 互动讨论：教师要撰写怎样的课例报告 3. 专题报告：报告人王洁博士 4. 作业：修改课例报告	形成本学科落实"以学定教，少教多学，鼓励挑战性学习"理念的有效经验	全区自然学科教师集中教研	

表3-7　青浦区小学自然学科"以导学单突破教学重点与难点"的课例研究行动细则提示

时间和地点	内容	具体任务	准备辅助	资料归档
2/16下午青浦区教师进修学院	研究动员会	1. 明确研究的目的、内容、过程与方法 2. 明确各自的职责 3. 研究辅导报告：《以学定教为核心的课堂改进》	1. 研究工作表（张敏） 2. 研究纪实（陆志红）	研究纪实、照片
2/23下午毓秀学校	第一轮教学	1. 课前会议 2. 说课 3. 明确研究主题，正确把握学生起点，提高实验课的有效性 4. 任务与分工 5. 利用观察技术观课与诊断 执教者：邵佳轶 课题："温度与温度计" 6. 议课，提出改进意见（从小组交流到大组发言）	1. 说课稿、教学设计、研究方案与工具资料（张敏、徐剑兰） 2. 现场记录（陆志红） 3. 摄影、摄像（凌龙） 4. 其他事务（马洪元、沈丽萍）	摄影资料、摄像资料、转录文本、研究纪实

(续表)

时间和地点	内容	具体任务	准备辅助	资料归档
3/22下午 毓秀学校	第二轮教学	1. 课前会议 2. 说课 3. 明确各组的研究主题 4. 任务与分工 5. 利用观察技术观课与诊断 执教者：邵佳轶 课题："温度与温度计" 6. 横向、纵向比较，提出改进意见 7. 对教学指导进行内容分析 8. 总结本课的指导要点，反思指导得失	1. 说课稿、教学设计、研究方案与工具资料（张敏、徐剑兰） 2. 现场记录（陆志红） 3. 摄影、摄像（凌龙） 4. 其他事务（马洪元、沈丽萍）	摄影资料、摄像资料、转录文本、研究纪实
3/23上午 毓秀学校	第三轮教学	1. 课前会议 2. 说课 3. 明确各组的研究主题 4. 任务与分工 5. 利用观察技术观课与诊断 执教者：邵佳轶 课题："温度与温度计" 6. 横向、纵向比较，梳理课例报告	1. 说课稿、教学设计、研究方案与工具资料（张敏、徐剑兰） 2. 现场记录（陆志红） 3. 摄影、摄像（凌龙） 4. 其他事务（马洪元、沈丽萍）	摄影资料、摄像资料、转录文本、研究纪实
5/24下午青浦区教师进修学院	课例报告交流	1. 课例报告交流会 2. 互动讨论：教师要撰写怎样的课例报告 3. 王洁博士专题报告 4. 修改课例报告	1. 课例报告文本打印（各位教师） 2. 现场记录（陆志红） 3. 摄影、摄像（董晨） 4. 其他事务（沈丽萍）	摄影资料、摄像资料、转录文本、研究纪实

表 3-8　青浦区小学自然学科"以导学单突破教学重点与难点"的课例研究第一轮行动提示

2/23 13:00 至 13:30	课前会议	总体介绍本轮课例的研修进程,第一阶段研究主题是"以学定教,少教多学,鼓励挑战性学习"新课堂实验
		熟悉教学设计,执教者说课
		做好观察准备工作
2/23 13:40 至 14:15	观课	小学二年级自然(牛津上海版)"温度与温度计"第一轮教学 执教者:毓秀学校　邵佳轶
2/23 14:20 至 16:00	小组合作	各组整理现场观察数据,讨论如何改进教学,准备发言
	反馈会议	反馈观课情况(以小组为单位进行专题发言)
		分组确定第二阶段研究主题
2/24 至 3/2	后续跟进	个人完成诊断报告 讨论如何进行主题设计(可利用上海市资源库平台) 确定下一步个人着重研究的内容 递交文本(以电子邮件形式) 优青班学员把过程性资料同时上传至优青班平台

表 3-9　青浦区小学自然学科"以导学单突破教学重点与难点"的课例研究课堂观察提示表

观察点	观察与思考提示
活动有效性	1. 活动之间的逻辑性 2. 活动时间的分配 3. 活动材料的选择 4. 活动材料的呈现时机 5. 教师在学生操作时,给予怎样的指导(如有帮助的巡视)
导学单的设计和使用	1. 导学单对应的教学目标 2. 导学单的形式与结构 3. 导学单的呈现时机 4. 导学单使用中学生遇到的困难 5. 导学单的反馈时机与方式

(续表)

观察点	观察与思考提示
交流有效性	1. 对话的方式 2. 问题的结构性 3. 问题的来源 4. 问题的指向性(提问的常见目标：A. 激发兴趣,吸引注意；B. 发现问题及检查；C. 回忆具体知识或信息；D. 课堂管理；E. 鼓励更高层次的思维活动；F. 组织或指导学习) 5. 问题的类型(封闭性问题、开放性问题；简单问题、复杂问题。同一个问题,在一种情况下可能是封闭性的,在另一种情况下可能是开放性的。对开放性问题的创造性回答是靠记忆得来的,还是靠思维得来的) 6. 提问的顺序(扩展型的、提高型的、漏斗型的、"播种收获"型的、逐步提高型的、逐步下降型的、空降型的) 7. 理答和追问 8. 理答的方式(打断或代答、不理睬或否认、重复回答、鼓励与称赞、追问) 9. 提问的等候时间(15秒以下、15至30秒、30秒以上)
其他	课堂中的关键事件的过程描述

注：明确主题之下的课堂观察,要求每个教师走进课堂前都必须明白走进课堂的目的是什么。本次课堂观察以总体感知为主,兼顾各组的观察重点。观课中教师可以结合自己的研究点和兴趣,选择和调节观察点。

表3－10 青浦区小学自然学科"以导学单突破教学重点与难点"的课例研究学习用书参考

书目	作者	读书要求
《改进科学课堂》	王洁、严加平	精读,要求至少完成1篇读书笔记
《课堂观察指导》	陈瑶	选择1至2本,完成1篇读书笔记
《科学探究与国家科学教育标准——教与学的指南》	《国家科学教育标准》科学探究附属读物编委会著,罗星凯等译	选择1至2本,完成1篇读书笔记
《行动教育——教师在职学习的范式革新》	王洁、顾泠沅	
《课堂观察——走向专业的听评课》	沈毅、崔允漷	

表3-11 青浦区小学自然学科"以导学单突破教学重点与难点"的课例研究成果

课例撰写者	课例名称
＊沈　忠	教学过程中学会倾听　实现有效交流
＊王　娟	少教真的多学吗
＊陈　豪	激发学生科学表达　促进学生有效思考
＊林佳伊	从"学"出发，以"生"为本，有效利用导学单
＊沈夏梅	几个人的合作才是有效的
＊宋丽娜	差异、质疑、事实——看实验数据分析的改进
＊金　丹	在真实的生活情境中实现知识的迁移和运用
＊张新娟	从三轮课看自然实验课中教师的引导作用
邵佳轶	实验课如何才能少教多学
陆志红	基于学生学情的学习单改进
徐　欢	当生活经验和科学概念发生冲突时
蒋晓峰	从"剪刀、石头、布"中看小组合作有效性
倪　军	如何把握"以学定教"中教与学的度
陆春霞	引导学生进行有效的交流
张　静	少教多学的挑战性学习在课堂上该如何体现
董　晨	课堂教学要关注学生的学习方法
陆　凤	怎样把握少教多学的度
程林华	规范操作在课堂上的作用
樊　蓉	多媒体在自然课堂教学中如何有效介入
周　枞	合理安排"师授"和"自学"

注：＊为上海市优青班学员，其余为青浦区教师。

三、学员课例精选一则

从"学"出发,以"生"为本,有效利用导学单
——以小学自然二年级"认识温度计"为例①

(一) 背景与主题

上海市小学自然课程标准的导言部分指出:"小学自然课程以科学探究为核心,让学生经历探究活动和解决问题的过程,体验科学的过程和本质……"为了更好地指导学生开展科学探究活动,解决科学问题,教师往往会把导学单作为一种探究、指导的工具。在大力倡导"以学定教,有效教学"的今天,教师该如何从"学"出发,以"生"为本,有效利用导学单呢?课程标准对于不同的教学内容、不同的教学阶段都提出了相应的教学要求。在科学探究要求中,就"处理数据和解决问题"这一基本要素来看,对一至二年级的基本要求为"能够用简单的符号或文字记录观察或实验的结果,尝试对事物的显著特征、变化过程等进行简单描述,针对问题说出自己的看法",对三至五年级的基本要求为"能够用简单的图表或文字记录探究结果,对记录结果进行整理;能够通过比较、分类、归纳等方法得出结论,并进行简单解释"。我们的教师是否针对不同教学内容、不同年级的学生,有效利用了导学单呢?

参加青浦的学习班,来到毓秀学校,邵老师就"认识温度计"一课进行了三次演绎。我们围绕研究主题,以课堂教学为载体,展开课例研究。我们就"认识温度计"一课中的导学单使用情况,进行了观察与思考,试图了解执教者对于导学单设计、使用的改进,观察教师、学生的微妙改变,发现导学单的有效利用与"少教多学"之间的关系。

(二) 教学任务分析

"认识温度计"是小学自然(牛津上海版)教材二年级第二学期"温度与温度计"单元中的第三课时。温度计是小学自然实验中的一种常见测量工具。本次课例研究中,邵老师以"认识温度计"一课为载体,进行了三次课堂教学实践。实践过程中,邵老师通过使用温度计多次测量水温的活动,使学生初步掌握了温度计的正确使用方法。学生的水温测量结果以导学单的形式记录。教师从导学单

---

① 课例由闵行区景东小学林佳伊老师提供。

的反馈中了解学生知识与技能的掌握情况。

(三) 以课例为载体的研究过程

1. 第一次授课：导学单是否等于练习卷

本节课教师以分辨冷水与热水的活动引入。当两杯水有明显温差时,学生能通过用眼睛看热气、用手来触摸等方法准确分辨出冷水与热水。当教师把杯中的冷水、热水混合后,问学生哪杯水热、哪杯水冷时,学生不能直接给出答案。学生想到运用科学的工具来测量。这时,教师引出温度计。因为二年级学生大多是首次使用温度计,教师安排了观察温度计的活动环节。学生通过观察与交流,了解了温度计是由液泡、液柱和刻度等构成的。之后,教师告知学生温度的单位是摄氏度,并组织学生学习这一科学知识。

(1) 第一张练习卷：看图填读数

在上课 15 分钟后,教师出示了第一张导学单(如表 3-12 所示),指导学生完成填写。指导语："在这张导学单上有两个温度计,它们的液柱在指定的刻度上。请大家把读数写在横线上。"

表 3-12 导学单 1

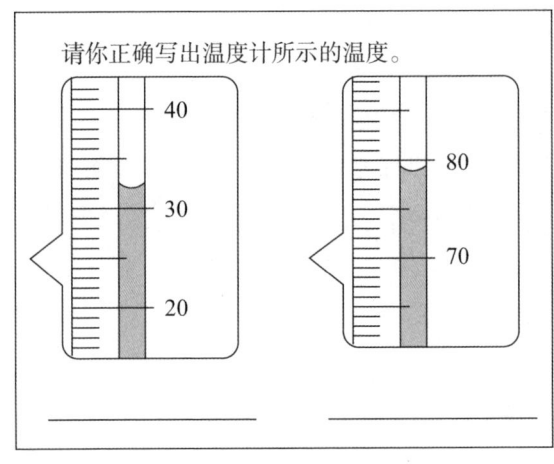

学生填写大约用时 1 分钟。填写完成后,教师组织学生进行数据交流。

(2) 第二张练习卷：测量填读数

约 5 分钟的交流后,教师出示了第二张导学单,如表 3-13 所示。教师要求学生用温度计测量桌上两杯水的温度。指导语："桌上有两杯水,一杯热的,一杯冷的。我们请两个小朋友分别用温度计去测量这两杯水的温度。表示温度的红色液柱升到哪里就在哪里标记并写出读数。测好以后,小组长记录在导学单上。"

表 3-13 导学单 2

	热水	冷水
第一次测量温度		
第二次测量温度		

(3) 思考

无论是从时间安排上来看,还是从内容形式上来看,这两张导学单都更像是两张练习卷。在教授完新知识后,教师以练习题的形式对学生进行考核。两张导学单均要求学生独立填写。第一张导学单是在学生了解了温度计的读数之后进行的检测,而第二张导学单则以测量水温的形式检测学生的学习结果。

现代的教学是化结果为过程的教学,练习卷上的标准答案,仅仅是结果的呈现。导学单不同于一般意义上的纸笔测验。把导学单当作练习卷,是这堂课中导学单设计上存在的最大问题。能否把导学单的设计从注重机械学习转向注重能力启发,从"以题为主"转向"以生为本"呢?学生的反复记录、反复练习是"少教多学"吗?如何利用导学单帮助学生进行有效的科学探究活动呢?

2. 第二次授课:导学单是否等于记录表

第二次授课时,教师仍以区分冷水、热水的活动引入,让学生主动运用温度计来进行水温的测量。

(1) 只记录,不交流

为了学会测量,学生先要学习温度计的读数。学生交流温度计的读数时,教师把学生所观察到的读数一一记录在一张纸上,作为活动记录。此时约为上课6分钟后。

(2) 记录,交流,不分析

5分钟后开展的第一次水温测量活动中,教师要求学生把数据记录在第三张导学单上,如表3-14所示。指导语:"掌握了温度计的读数后,我们用温度计测一下水的温度。老师准备了一杯水,你们能不能用温度计准确测量出这杯水的温度呢?同桌两人分别用温度计测量这杯水的温度,然后用铅笔标记红线所在的位置。比如说,现在这杯水是20℃,大家就要用铅笔在20℃这里画一条横线,把下方涂黑,然后写出读数。第一轮我们只要填写'学生A'和'学生B'两栏。"

表3-14 导学单3

第一次测量(同桌两人)		第二次测量(小组四人)
学生A	学生B	
读数_____℃	读数_____℃	读数_____℃

这张导学单,根据实验的操作要求与学生的具体情况,要求学生同桌互助完成。学生完成导学单第一次测量记录后,教师组织学生交流。第一次交流的一组学生,测量结果分别为14℃和11℃。

师:学生A测量结果是14℃,学生B测量结果是11℃。这杯水的温度难道不一样吗?

学生A:我的手比他的手热。

师:你的手比他的手热,但我们测的是这杯水的温度呀。

……

师:我们平时去医务室测体温,体温计要在嘴巴里放几分钟?

学生思考并回答。

师：如果只放一会就拿出来，可能会出现什么情况？

学生思考并回答。

师：温度计刚放入嘴巴时，度数还在变化。同理，你把温度计放入这杯水后，很快就拿出来，温度计的度数还没有稳定下来。

课堂上，同一小组的两个学生，使用同一种温度计，测量同一杯水的温度，而在导学单上记录的数据却相差较大。教师发现了这一现象，却没有好好利用导学单上的数据，进行深入的分析与探究，而是让学生自己发现问题，解决问题。最终，教师总结数据相差较大的原因是学生A把温度计放入水中测量时，等待观察的时间不够。难道导学单只是用来记录数据的吗？学生能否在教师的指导下，通过分析学习单上记录的数据发现些什么呢？如果教师将规范操作的要点一一道来，学生是否就能真正学会使用温度计？

在热闹的氛围中，学生进行了第二次水温测量活动，并填写了导学单。指导语："小组四人再次测量这杯水的温度，注意老师刚刚提的几点要求。同桌互相帮助，指出实验中其他同学不对的地方。"

这次学生记录的实验数据差异较小。很多都是9℃、10℃、11℃、12℃。

（3）只测量，不记录

在上课26分钟后，教师引导学生开展配制温水的活动。教师要求学生利用一杯放入冰块的水和一杯热水配置出一杯40℃的温水。导学单如表3-15所示。

表3-15 导学单4

目前水温：

实验次数 做法	第一次尝试	第二次尝试	第三次尝试	……
你们是怎么做的				
稳定后的水温				

这个教学环节和导学单是教师在第一次授课后新增的。此环节的设计，激发了学生的好奇心，让学生在生活情境中学会测量和记录水温。受时间限制，只有少部分学生完成了这张导学单的填写任务，多数学生或被实验中的冰块等材料所吸引，或被实验过程中的温度变化所吸引。

(4) 思考

本堂课导学单的设计、使用中,教师关注了实验课的教学实际以及二年级学生的学习特点,让学生在生活情境中同伴合作,展开温度计的观察、测量与记录。但是,导学单在课堂中的呈现流于形式,仅仅是为了记录而记录。我们使用导学单,旨在强化学生学习,增加学生的"学",减少教师的"教",让学生真正成为学习的主人。不记录、只记录不交流、交流了却不利用,都使导学单失去了意义。如何有效利用学习单,帮助学生构建科学探究的思维翘板呢?

3. 第三次授课:导学单等于思维翘板

第三次授课时,教师改进了一些细节。

(1) 抓住课堂关键点,有效利用导学单

在导学单的设计、使用上,教师抓住水温测量这一主线,重点讲授测量方法。首先,同桌两人测量水的温度。教师在学生测量过程中,关注造成读数差异的原因,把学生测量时的情况及时地以照片的形式记录下来。在组织学生交流测量数据时,教师有针对性地用拍摄的照片引导学生分析测量数据,归纳测量方法。其次,学生利用自己总结的测量方法,四人一组再次测量水温,同时,在组内相互指正测量方法。最后,仍以小组合作配制温水的实验进行测量方法的巩固练习。导学单如表3-16所示。

表3-16 导学单5

第一次测量(同桌两人)		第二次测量(小组四人)
学生A	学生B	
(温度计图)	(温度计图)	(温度计图)
读数_____℃	读数_____℃	读数_____℃

(2) 思考

有位名人曾说:"学习必定要依据学生的'已知',教师应该多让学生回想。"教师要把学生的"已知"作为基础,以儿童的生活经验为中心建构观念,努力创设让学生感到"不知"的情境,了解学生的起点、行为、问题、困扰、挫折。这样,学生自然能从"想知""构知"中得到"真知"。这样才是一个完整的学习历程。

基于此,我们可以把导学单理解为一种对观察、测量、实验和调查结果进行记录的显性化思维工具。它是架设在学生"未知"和"真知"之间的思维翘板。教师应根据科学探究活动的需要,激发学生的"想知",帮助学生从"已知"出发,运用文字、图表、符号等进行"构知",借助各种形象、直观的结构图示或简练的文字提示进行表达,帮助学生解决探究活动中的各种问题,从而让学生获得"真知"。教师应合理设计、使用导学单,使学生在导学单这一思维翘板的提示、引导下,激活与运用先前积累的知识和经验,建构新的探究内容,获得新的方法,以此来体现"以学定教,少教多学,鼓励挑战性学习"的主题。

4. 教学启示

(1) 教师如何设计导学单,搭建学生思维翘板

① 基于学情

教师在设计导学单之前,要研究教材,分析学情。教师要深入研究教材特点、重点、难点、目标,必要时可进行单元主题整体设计。教师要从三维来进行教学目标分析,既要考虑学生的知识能力基础,也要考虑过程、方法、情感、态度、价值观,还要了解学生在学习方面有何特点(学习方法、学习习惯、学习兴趣等)。课例中的第二次授课,教师根据二年级学生的特点,改变了之前满堂灌的教学方法,注重激发学生探究的兴趣,增强学生科学探究的体验。聚焦学会测量水温这一主要探究任务,学生在教师、导学单的引导下,先同桌、后小组地进行观察、测量、记录等探究活动。教师把配制40℃温水的活动作为鼓励挑战性学习的探究活动。

② 面向全体学生

导学单的设计,必须面向全体学生,不能仅关注个别学生。教师应从学情出发,由浅入深、有差异地设计导学单。教师要找准每一类学生的思维翘板,以导学单进行搭建。

(2) 教师如何实施导学单,构建学生思维翘板

① 自主、合作

我们提倡的"少教多学",要求教师把课堂的时间、空间更多地还给学生。自主与合作不仅是学生探究过程中的两个重要方法,也是导学单实施过程中的两

个重要策略。教师要为不同层次的学生设计导学单,构建学生的思维翘板,组织学生开展自主探究与合作学习。这样,在教师的帮助、引导下,每一个学生都能积极主动地参与课堂教学,自主地架构知识,提高学习效率。课例中,教师在学生自主测水温后,先让学生交流导学单上的内容,引导学生分析正确的测量方法,再让学生小组合作,相互指正,进行正确的测量与记录。

② 利用资源

通过导学单的记录、交流,教师能及时了解学生在学习过程中遇到的问题及独到的见解。利用这些课堂资源,教师能做好引领、点拨、评价、诊断和反馈工作,为学生构建不同层次的思维翘板。在课例中,学生因测量、记录方法不同造成的数据差异,是很好的课堂资源。教师可以据此构建思维翘板,引导学生进行深入探究。

在小学自然课堂上倡导"以学定教,少教多学,鼓励挑战性学习",教师可以尝试从教学内容出发,以学生发展为本,设计、实施导学单,让导学单成为学生的思维翘板。

第四节

以科学解释为核心的课例研究

我们所说的科学探究活动,是有要求、有内容、有目标的活动。从表现形式来看,应侧重三个方面:"做"——观察、实验等活动;"想"——探究活动过程中的思考;"讲"——相互交流。这三者结合才是科学探究活动的真正含义。我们所说的玩中学科学,不是简单的做一做、动一动,其核心是想。教师只有关注了学生的思维,才能真正落实玩中学科学的要求。

培养学生科学思维方式和思维能力是中小学科学教育的重要任务,也是小学阶段科学启蒙的重点。科学思维方式,简单讲就是遵循"收集证据并进行科学解释"这样一种思维和解决问题的方式,如图3-11所示。科学思维过程总与某一问题相联系,是解决问题的过程。

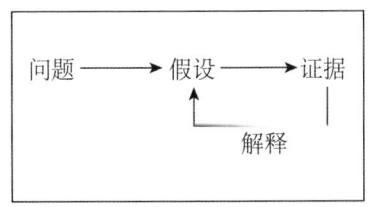

图 3-11 科学思维过程

在解决问题过程中要有假设,要收集证据,还要按一定规则进行解释。如果在解释过程中假设与证据之间达成一致,那么这一探究过程就基本完成。如果假设与证据之间还未达成一致,那么就要修正假设或收集新的证据,直至假设与证据之间达成一致。

"如何收集证据并进行科学解释,让学生学会表达"成为新一轮课例研究的主题。课例研究的主要内容是小学四年级第一学期"磁"单元中的"磁场"一课。研究小组一共经历了三个实践过程。首先,由执教者钱老师自行设计并实施教学。其次,由有经验的沈老师进行同课教学。最后,由钱老师改进并实施教学。

一、以抽象认识抽象——学生糊涂了[①]

钱老师在第一轮课中初设的教学目标有四个：(1)知道磁铁周围存在着磁场；(2)初步了解磁场在生活中的应用；(3)通过观察、设计、交流、实验，感受磁场对铁屑等磁性材料的影响；(4)通过小组合作学习，感受团队合作的快乐，并在活动中获得成就感。

从钱老师初设的教学目标来看，三维目标均有所体现：在情感、态度与价值观上，强调学生在愉悦的状态中进行学习；在知识与技能上，定位于知道磁场并了解其在生活中的应用；但在过程与方法上，只是简单列出了一些具体方法，较难看到一条清晰的帮助学生学习概念的主线。

钱老师的教学流程如图3-12所示。

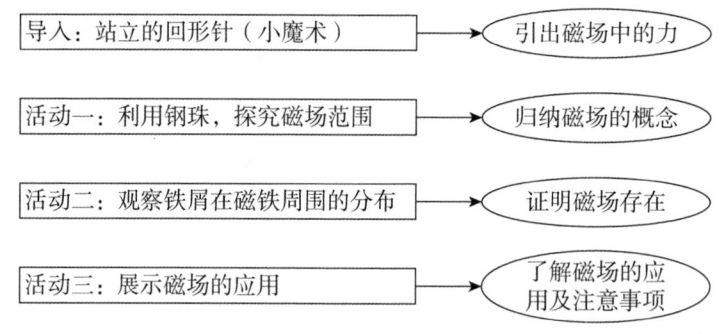

图3-12 第一轮课教学流程图

【活动一】测量距离，感受磁力

钱老师用演示实验引出磁场中的力。站立的回形针这个小魔术，学生非常感兴趣。玩具里藏了一块磁铁，学生也不难推测。钱老师的设计意图是在出示磁场这一概念前，进行一个知识迁移，借助力这一学生已知的且比较易懂的概念进行引导，让学生去了解磁力的特点。钱老师认为，受磁场影响，磁力不仅有力的共同特征，还有一个范围及适用对象。钱老师试图先让学生寻找磁力的范围，即磁场的范围，再引入磁场这一概念。

学生在此环节相对积极，主动利用钢珠在磁铁附近找被吸引的位置，即找到

[①] 王洁，严加平.改进科学课堂[M].北京：教育科学出版社，2011.

磁力的作用范围。他们想到用尺进行测量。图3-13和图3-14显示了两个小组的学生在活动中的记录情况。

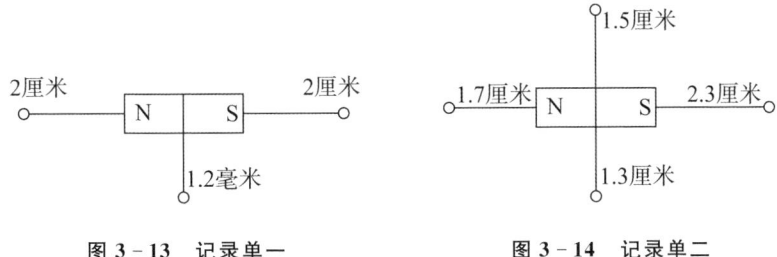

图3-13　记录单一　　　　　图3-14　记录单二

钱老师试图带领学生找寻一种感受磁场的方法。然而仅仅用这2至3个点来说明磁铁周围存在磁场，显然还存在较大问题。为此，钱老师对学生进行了引导。

师：通过这两节课的学习，我们知道了磁铁的很多性质。我们了解了各种各样的磁铁，知道它们可以吸引磁性物质，知道了磁铁的两极及其磁性。那么，磁铁两极的磁性怎么样？

生（齐声）：强。

师：对，强。磁铁中间的磁性怎么样？

生（齐声）：弱。

师：在之前的课上，我们知道了磁铁可以指示方向。今天我们又知道了磁铁的一个性质，它的磁性两极强，中间弱。这些性质其实都与磁铁的磁场有关。

从上面的片段中可以看到，磁场这个概念是教师直接给出的，这不利于学生在头脑里建立印象。随后，教师通过大段的传授式的语言，说明选择并运用铁屑进行实验的原因。这样，后面的铁屑实验自然就成了验证实验，验证教师所说的"磁场是有范围的"这一说法。我们来看下面的活动。

【活动二】验证磁场的存在

师：磁铁所有的性质都与磁场有关。不过，我们没有办法看到磁场。你们能看到磁铁周围有磁场吗？

生（齐声）：没看到。

师：没看到，是不是？我想问个问题。虽然我们看不到磁场，但是你们觉得磁场有没有范围？为什么？

生（个别）：磁场有范围，因为磁力有范围。

师：噢，因为磁力有范围，所以你们觉得磁场也有范围。磁力的范围是谁给它的？

生（齐声）：磁场。

师：非常好。磁场是有范围的。磁场的范围就是我们说的磁力的范围。刚才我们做了实验，你们认为得出的这个磁铁的范围正确吗？

……

师：今天这个方法大家不是很了解。有个找磁场的好方法，可以让我们准确知道磁场的范围。下面我给大家介绍一下。我们可以利用磁铁磁化磁性物质的特点准确找到磁场的范围。怎么做？（演示）我这边有一盒铁屑。这盒铁屑在磁场里会被磁化掉，变成一根根小磁针。它们会在磁场中有规律地排列，出现一种特别的现象。

学生开始试验，观察条形磁铁周围的铁屑分布……

这个无形的磁场，在学生头脑中是否建立起来了？通过简单的验证实验（观察条形磁铁周围的铁屑分布），学生能否真正感受到磁场是存在于磁铁周围的一种特殊物质？学生能以此来解释生活中的现象吗？从对学生的后测情况来看，效果并不理想。在回答测试题"请找出以下物质中哪些不能和磁铁放在一起，并说明理由"时，46个学生中，全部判断正确的有31人。在这31人中，仅有2个学生准确描述"磁铁的磁场会影响指针和手表内的其他磁性材料，使手表显示的时间不准确"，其他学生只是简单描述"手表会坏"或"手表被干扰了"，与前测中的描述基本没什么区别。

通过教学，钱老师自己也感受到用无形的力去解释同样无形的磁场会使学生糊涂。就小学四年级的学生而言，这并不是一种有效的方法。课堂存在问题，需要改进。

皮亚杰（Jean Piaget）长期思考一个哲学问题"我们是怎么知道自己知道什么的"，然后他得出结论"知识不能被完完全全地由一个人传给另一个人，人们必须拥有自己的知识和自己对知识的理解"。学习不是简单地把信息从教师或教科书传给学生的大脑，相反，学生应把已有知识与新知识结合起来，形成自己的理解。这样，新知识才能为每个学生所拥有。我们要思考如何让学生学会做科学研究。明白这其中的过程要比知道结论强得多。

二、认识抽象概念——设计有层次地推进思维的活动

有经验的沈老师进行了同课教学。

沈老师设计的教学目标有三个:(1) 通过磁铁对周围磁性物质影响的探究,初步感受磁铁的周围存在磁场;(2) 通过观察、记录条形磁铁和蹄形磁铁对铁屑的影响,进一步感受磁场的存在,同时发现磁场是有强弱的;(3) 通过对实验结果的预测、对实验现象的分析与解释,提高推理、分析能力。

与其说这是教学目标,不如说这是学生的学习目标。沈老师要求学生感受、观察、记录、预测、分析、解释……在难度上依次递进。从科学思维上说,这是实现学生从感性的体验、观察到理性的推理、分析的过程。

沈老师通过四个活动来达成她的教学目标,让学生实现思维增长。

【活动一】感受

沈老师让学生利用所提供的材料设计"磁铁在不接触磁性物质的前提下,让磁性物质动起来"的游戏。材料包括一次性纸杯、回形针、小铁钉、塑料管、棉线、小纸板、小指针、磁铁。

学生兴致勃勃地进行分组活动。活动结束后,沈老师让学生介绍自己小组设计的游戏。几组学生交流后,沈老师问:"做了这些游戏,你们有什么问题吗?"这是一个发散性问题,旨在让学生提出问题。

这时,一个学生问:"塑料管怎样使用?"这明显不是朝着预设方向的提问。不过,沈老师还是请用到塑料管的小组进行了解答。沈老师意识到问题要聚焦一些,于是问:"刚才的游戏里,磁铁虽然没有与磁性物质接触,但却能使磁性物质动起来,是有什么东西在发挥作用呢?"一个学生提到了磁场。沈老师随之揭示了课题。

课题揭示后,沈老师抓住刚才活动中的典型,继续问:"刚才我看到有一个小组在做游戏时遇到了一个问题,请这组派一个学生上来。"这正是学生刚才活动时,教师"有所作为"的结果——抓住典型,引向深入。一个学生上台演示他们刚才做的游戏。沈老师问:"你为什么要放得这么近?远一点可以吗?"学生说:"不行。""那是怎么回事?"沈老师又问。学生答:"磁性不够,磁有距离……"从学生的回答中,我们感到她对磁场强弱已经有了一定的感性体验。这可以算是成功达成了一个目标。

【活动二】观察和表达

沈老师让学生研究磁场。沈老师先在实物投影仪上演示铁屑和条形磁铁的实验,再让学生自己来做实验并观察结果,最后用图画的方式表达所观察到的现象。

这里,师生要研究一个看不见的东西——磁场。这也是科学课中经常会碰到的内容,即如何通过有形的物体来研究无形、抽象的东西。在这里,沈老师使用了铁屑。

师:尽量把你们看到的画出来。你们看到了什么?

生1:(磁铁)两边铁屑多,中间铁屑少。

师:观察得很仔细。还有什么现象?

生2:(磁铁)外面都是弯的。

师:旁边呢?被磁铁影响了吗?

生2:没有,可能离得太远了。

师:说得很好。

通过简单的对话,沈老师已大致了解了学生的观察和描述水平。

这一活动结束时,沈老师根据刚才观察的结果,又捕捉到了典型。有几个小组被沈老师叫到投影仪边上来交流观察的结果。

交流组一

生1:周围很多很多,远处很少。

师:为什么远处很少?

生1:磁场不够了……磁性不够了。

师:在这块条形磁铁上,铁屑是怎样分布的?

生2:中间少一点,周围多一点。

师:周围指的是哪里?

生2:两极。

师:外围呢?

生2:外围没有受到影响。

交流组二

生1:我们发现铁屑形成了一个8字。

师:哦,形成了一个8字,非常形象的比喻。

生2：其他的都集中在两极。

师：周围怎样？受到影响了吗？

生2：没有。

尽管是小组独立展示，沈老师还是以对话的方式对交流者进行了引导，让学生意识到磁场是有强弱的，铁屑在磁铁两极、中间以及稍远的地方分布不同。

基于学生的观察和描述，沈老师边解释铁屑形成的磁场规律，边将其画在黑板上，作为对学生观察结果的总结。通过绘画，学生无形中比较了沈老师、自己小组、其他小组的表达方式。学生绘制的条形磁铁磁场观察图如图3-15所示。

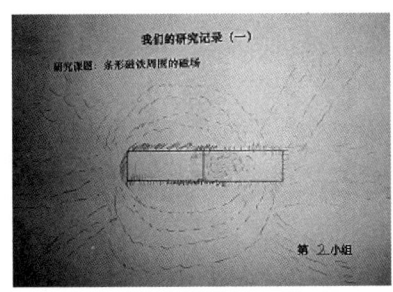 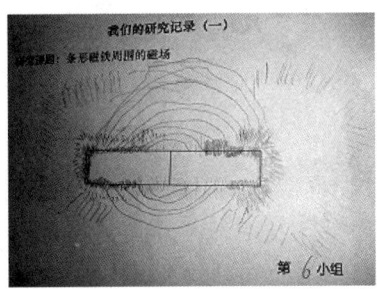

图3-15 学生绘制的条形磁铁磁场观察图

【活动三】猜想

沈老师让学生猜想铁屑在蹄形磁铁周围会怎样分布，把猜想结果画出来。

这是本节课中最具难度的小组活动。然而，学生的完成情况比沈老师预想的要好很多。虽然无法完全预测准确，甚至有些还存在偏差，但是，每个小组的预测都能做到有据可依。所谓依据，就是之前对条形磁铁磁场分布的详细解析。

交流组一

生1：我们觉得蹄形磁铁的两极应该有很多，因为条形磁铁的两极有很多。

交流组二

师：我看到你们在周围画了铁屑，但是好像没什么规律。是什么原因？

生1：周围吸引不到铁屑。

交流组三

生1：我们猜测蹄形磁铁两极磁性强，中间磁性弱。

师（指着周围的线条）：这些线条，你们是怎么得到的？

生2：从前面条形磁铁那里得到启发。

在这一环节中,学生良好的猜想是建立在先前对条形磁铁磁场分析基础上的。之前的学习为学生的猜想奠定了基础。可以说,学生在思维上是向前迈进的。

【活动四】验证

经过了猜想,沈老师让学生着手进行蹄形磁铁的实验,看一看铁屑的真实分布情况是否与本小组的猜想一致。

通过对比如图 3-16 所示的实验结果,学生看到了猜想与实际之间的异同。

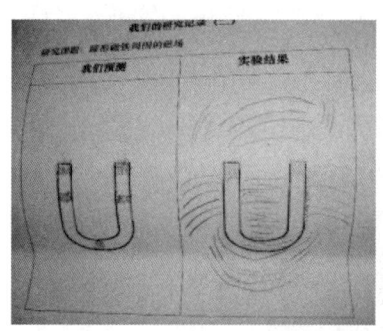 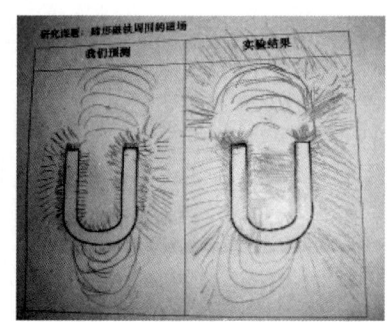

图 3-16　蹄形磁铁磁场猜想与实际对比图

交流组一

生1:我们发现磁铁周围有像彩虹一样的弯弯的线。

师:大家刚才猜想的时候没有把周围画出来,现在画出来了。

交流组二

生1:我们发现蹄形磁铁中间磁性也很强,是呈线条状的,不是乱七八糟的。

师:你们猜想到了吗?

生1:没有,我们以为中间没有磁性。

师:中间是大家没有猜想到的,现在发现了。

从上面不同角度的分析可以看出,随着探究活动的调整,学生的学习兴趣有了明显的变化。通过观察、记录、表达、描述磁场,学生对磁场有了比较感性的认识。对条形磁铁和蹄形磁铁的两次观察、猜想的迁移活动,无疑对学生进一步理解磁场的特点有着积极的意义。

这一次,我们仍然请学生回答测试题"请找出以下物质中哪些不能和磁铁放在一起,并说明理由"。前测中,全部判断正确的有 16 人,大部分学生只能填出一个正确选项,能用磁铁的相关性质去解释的有 35 人,没有人提到磁场。后测中,全部判断正确的有29人,小部分学生只能填出一个正确选项,能用磁铁的相关性质去解释的人数较多(其中,有6人能用磁场进行解释)。

但是,我们也发现,看似不错的课堂同样存在一个问题——35分钟的课变成了47分钟的课。我们认为,活动一仍仅仅停留在游戏活动的层面,没有与本节课的教学目标紧密相关。学生似乎只是在玩,没有主动进行思考。

三、化无形为有形——充分认识抽象概念

如何促使学生主动思考,成为留给研究小组思考的问题。此次课例研究的主题是"概念形成过程中的思维发展",尽管教师精心设计了有层次地推进思维的活动,学生似乎也知道了磁场这一概念,然而这都是在教师的设计下实现的,距离学生的主动思考尚有距离。

实施课例研究,不是追求最后能有一堂完美的课,而是希望通过实践把大家的思考自然地引向深处。当教师能提出"怎样让学生主动思考,自己建立起对磁场的理解"这个问题时,我觉得我们可以再有一些行动。这恐怕也是在一个共同体中,在不同思想碰撞后才有可能发生的事。

大家对这一轮的教学目标进行了一些调整,突出了磁场概念学习与学生生活经验的联系,更强调学生自主设计实验的过程。在教师看来,学生所拥有的资源就是其生活经验。

(一) 用朴素的生活现象代替看似热闹的游戏

再次上课时,钱老师删除了看似热闹的"站立的回形针"等游戏,直接用朴素的生活现象来导入。钱老师用"手表、书能不能和磁铁放在一起"这个问题引发学生的思考,学生很快回答并简单解释。

(二) 让磁场"被看见"

课堂中,学生交流了对磁场的一些感受。在交流中,钱老师提议用铁屑这样更加细小的磁性物质来帮助学生"看见"磁场。钱老师没有直接进行演示,而是让学生充分商议,自己设计方案。

有学生提议把铁屑放在书本上,看看磁铁隔着书本对铁屑的影响。这时,钱老师建议学生用透明的塑料板来代替书本。还有学生提议把铁屑放在磁铁的一边。在这个环节中,钱老师让学生在实物投影仪上进行简单演示,为后面实验的有效操作打好基础。

这节课上,钱老师让学生自己调整磁铁和铁屑的摆放位置,充分感受和观察磁场。图 3-17 是课堂中教师拍摄的学生通过铁屑这一磁性物质来"看到"磁场的一组画面。

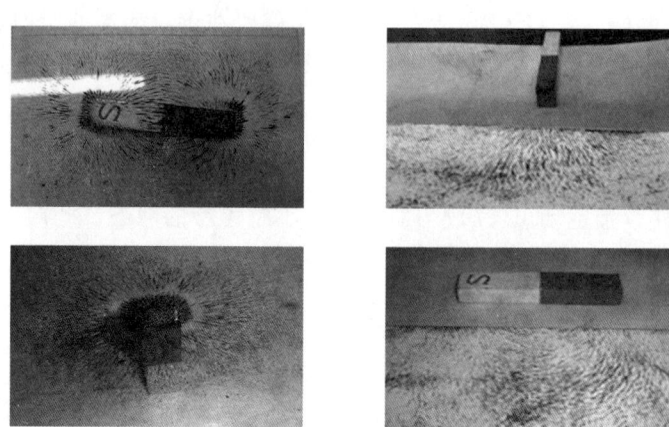

图 3-17　磁场实验效果组图 1

师生对于铁屑在磁铁周围分布情况的描述如下:

生 1:铁屑围在磁铁四周,像放鞭炮一样。

生 2:就在周围,中间也有一点,像刺猬一样。

生 3:呈放射状。

生 4:像声波一样。

生 5:铁屑竖起来了,大多数铁屑都朝着磁铁。

生 6:铁屑像排队一样的,呈漩涡状。

生 7:铁屑向四周扩散。

师:大家说得真好,铁屑分布在磁铁的周围,像漩涡,像放鞭炮,我们感受到了磁铁对于磁性物质的影响。

向四周扩散,像漩涡,像放鞭炮。无论怎样摆放磁铁,均匀铺开铁屑,铁屑在磁铁的周围总会有规律地排列,这无疑就是学生头脑中建立的磁场图。当教师询问学生看到这些画面后的想法时,有学生说出磁铁周围有磁场。

之后,对于蹄形磁铁周围铁屑的排列,学生也进行了不同的实验。这种关于铁屑的图式在学生头脑里更为深刻。而这种奇特的图式展示的正是磁场这一特殊物质。而且,通过观察分布密度,学生知道了磁场是有强弱的。图 3-18 是蹄形磁铁的实验图。

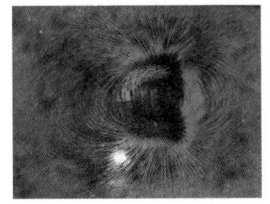 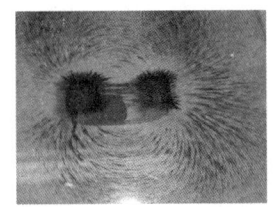 

图 3－18　磁场实验效果组图 2

（三）对生活现象的解释

通过各种各样的、充分的"看见",一个抽象的磁场概念似乎已经在学生头脑中建立。在"看到"一系列的磁场现象后,师生这样解释手表不能放置在磁场周围的原因：

师：你们觉得手表和磁铁放在一起可以吗？

生 1：不可以。

师：谁能用我们学到的知识解释一下？

生 2：因为手表放在磁铁旁边会被磁化,有些零件会离开原来的位置,呈现的时间就不准确了。

师：为什么有些零件会离开原来的位置呢？

生 3：因为磁铁周围有磁场。离磁铁越近,磁场越强,对手表的影响也越大。

师：说得真好。因为磁铁周围有磁场,所以会对手表有影响。

最后,钱老师还创设了两个生活情境,使学生有机会用刚刚学到的知识解释生活中的现象。第一个,受到磁铁影响后,录音机从"夕阳无限好,只是近黄昏"这样连续的声音变成"夕阳……好……只……黄昏"这样断断续续的声音。第二个,如图 3－19 所示,受到磁铁影响后,电脑显示屏发生了变化。学生很自信地用自己刚刚学到的磁场概念对此进行了解释。

实际上,这不仅是对本堂课知识的应用,还能让学生感到"生活中有那么多常见的现象是可以用科学知识来解释的",让他们学会在生活中主动留心并积极思考。

化无形为有形,从具象到抽象。至此,学生对于"磁铁周围存在磁场,磁场会对周围的磁性物质产生干扰"等现象的认识也更为深刻了。

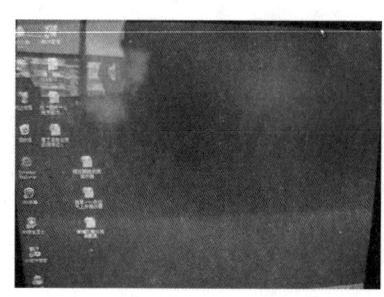 

影响前　　　　　　　　　　　影响后

图 3-19　受到磁铁影响前后电脑显示屏的变化

四、启示

在自然课上提高学生的科学思维，课例研究是一个重要载体。在课例研究中，借助科学解释，促进学生科学思维的训练与提高，有三点是很重要的。

（一）重视已有概念和经验的表达——为新概念学习提供支架

在磁场课例研究中，教师非常重视观察和实验的运用。概念是连接几个事实或发现的思想。科学事实为形成概念提供了证据，没有大量的科学事实就没有丰富完善的概念。今天，教师既要强调科学概念的学习，又要关注科学事实的积累。观察和实验是获取事实、证据的根本途径。在小学自然课堂上，教师要强调观察和实验的重要性与有效性，以更好地为学生的科学概念发展服务。

围绕概念教学，是新课程学习中倡导的有效途径。一个新概念的建立过程，必然是学生重新组合、改造已有的生活概念或科学概念的过程。教师在教学前要分析某个主题中的核心概念是什么、在它之下的分解概念有哪些、概念和概念之间有什么样的关系。比如磁场概念的形成，它与磁铁的性质、磁铁间的相互作用等都是有关系的。又比如浮力现象中涉及的几个具体概念的表征，教师要建立"漂浮的物体与下沉的物体是否都受到浮力""浮力的大小与什么有关""物体的浮沉与什么有关"等问题之间的联系，帮助学生获得浮力概念，同时让学生认识到物体上浮或漂浮都是由于受到浮力。因此，教师在设计教学活动时要充分考虑这一点，帮助学生理解这些关系并寻找这些关系之间的意义。

学生拥有生活经验，这是他们理解和解释科学概念的土壤。如果我们能在科学概念与学生经验之间建立衔接，就能让科学概念自然地出现，让学生的认识不断完善。从探究磁场对手表的影响,到录音机的声音变得断断续续,再到电脑显示屏的变化等,这些学生熟悉的经验,让他们对"磁场对磁性物质有影响"有了更为深刻的认识。而教师的作用就在于找到这些衔接的落脚点,让学生自己踩过去。这又让我想到,在学习热胀冷缩概念时,教师不宜从温度、体积等抽象概念出发,而应以受热、受冷后,水壶是否溢水、铜球能否通过铁环、乒乓球是胀是瘪等学生已有的实际经验为基础,来使学生获得这一概念。在概念学习中,教师要引导学生亲身感知自然事物,使学生更多地获得和积累具体经验,利用日常经验形成科学概念。

(二) 学会收集新证据进行表达——巧用图示还原本来面貌

铁屑就是认识无形磁场的有形物质。而在利用铁屑的方式上,教师给了学生很大的空间。从一开始让学生隔着透明塑料板均匀铺开铁屑,到后来让学生自己创造发挥,学生果真设计出多种多样的方式,借助它们亲眼看到铁屑有规律分布的状态,从而感受到磁场的存在以及磁场有强有弱的性质。在学习溶解概念时,观察高锰酸钾等带有颜色的小颗粒在水中的分解过程有助于学生认识溶解概念所包含的几个方面的基本特征,即从大颗粒变为小颗粒、在水中消失、没有沉淀、不能过滤。教师必须要明白新概念所包含的基本特征,寻找合适的材料,使之显现出来。

在探究过程中,教师注重让学生主动参与并设计实验,把观察到的现象如实记录下来,还原本来面貌。因为一旦离开了记录,一些有规律的特征就会被忽视。在记录的过程中,教师培养了学生的语言表达能力。学生记录下他们在探究过程中获得的知识,以便复习;学生记录下自己的想法,以便回顾和总结;学生记录下他们实验的过程,以便分析;学生记录下他们自己的结论,学会总结,这个过程也是思维的过程;学生记录下最后的结论,与自己原来的想法对比,学会发展自己的科学概念,学会用准确的语言来表达科学概念。教师可以根据学生的记录对教学过程进行发展性评估,从而采取适合每个学生的教学策略。探究是一个螺旋上升的过程。回顾自己的想法和经验是学生探究的新起点。

(三) 善用隐喻进行表达——让迁移发生在对概念认识的基础上

在课例研究过程中,学生无意间提及的各种隐喻,正是他们认识科学概念的一种方式。当他们提到铁屑的分布时,他们正在努力表达自己的理解。这种方式对他们来说是更易接受的。如,给儿童解释"基因遗传具有偶然性"时,我们可以采用比喻的方式:"基因就是宝石,你的母亲有 100 颗宝石,50 颗黄色的,50 颗红色的。你再假设,你可以给自己从中选出 50 颗。但是你必须闭上眼睛选。你会选哪些宝石呢? 50 颗黄色的? 50 颗红色的? 1 颗黄色和 49 颗红色的? 你知道,选多少黄色或者红色的,根本不能由你自己决定,这取决于偶然因素。"①这样的解释,儿童是否更易理解和接受呢?

  教师要充分意识到这一点。学生开始使用抽象词汇时,他们就有了新的思想,他们的语言变得更丰富了。在这个过程中,师生交流就像是"剥竹笋",教师不断地提问、追问,不断传递新的语言,不断剥离具体的现象,趋向更科学、更概括的概念。毋庸置疑,概念形成的过程就是思维发展的过程。我们觉得学生在猜想蹄形磁铁周围铁屑分布这一环节上,基本是成功的。原因在于学生通过条形磁铁的实验以及教师的分析,确实掌握了磁场的规律性这一知识点。学生对蹄形磁铁的磁场进行猜想,并运用之前的方法去实验去证实,在头脑中建立完整、连续的印象。不仅如此,教师还引导学生解释最先的疑问,创设用以解释其他生活现象的情境,让学生在新情境中再次运用概念。这是一种学习策略的引导和培养。

  学习心理学研究成果表明,学习迁移发生的条件有这样一些:在学习内容或方法上,具有相同要素或类似活动情况时,正迁移容易发生;某些经验被普遍化后,在其他相近或类似情境中,正迁移容易发生;在曾经接受过学习方法训练的学习者身上,正迁移容易发生;在第一次学习过程中,学习者掌握的程度越高,后继学习中的积极迁移就越多。

---

① (德)贝蒂娜·施蒂克尔.诺贝尔奖获得者与儿童对话[M].张荣昌,译.北京:生活·读书·新知三联书店,2009.

第五节

以资源与环境为核心的课例研究[1]

教学方式,特指为达到教学目的而采用的教师、学生、环境相互作用的方式方法。[2] 教学方式包含组织方式、认知方式和活动方式三种。其中,组织方式包括人员组织方式(教学班组成＋学习小组等)、内容组织方式(知识结构＋问题解决等)、环境组织方式(环境选择＋资源选择等);认知方式包括接受式(书中学)和体验式(做中学),分别指向间接经验的获得和直接经验的获得;活动方式包括听课、练习、讨论、阅读、游戏、考察、实践、表达、表现等。

作为一个集实践性、体验性、科学性于一体的学科,小学自然应如何通过组织方式、认知方式和活动方式的变化,让学生获得更多的直接经验?

近年来,随着区域在线学科平台的建设以及部分学校实验室资源配置的变化,我们不断思考这些资源和环境是否真正为教学方式变革提供了有效的服务。本次我们选择开展课例研究的内容是小学三年级"食物的消化之旅"一课。

这节课为小学自然(牛津上海版)第六册第一单元"认识我们自己"第四课时的教学内容。食物是人生存的必要条件之一。消化器官是继呼吸器官之后,我们帮助学生认识的又一类重要人体器官。

在知识层面,学生对消化器官有所了解。但这些了解大多是模糊、零散的,学生对消化器官的名称和位置不甚清楚。在饮食习惯层面,学生中存在着不吃早餐、饭后剧烈运动、饮食不规律、狼吞虎咽等不良现象,影响学生健康成长。因此,以学生现有经验为起点,展开一个更新知识的学习过程,让学生督促自己养成良好的饮食习惯,显得尤为重要。

这节课的主要内容为认识人体的主要消化器官,了解其主要功能,养成健康的饮食习惯。消化系统是内部系统,我们无法从外部直接观察。如何由表及里,打开暗箱呢?

---

[1] 课例由周枞、朱磊和游琪佳老师提供。
[2] 摘自上海市教委教研室主任徐淀芳《以教学方式变革为抓手,深化课程改革》讲稿。

一、以阅读和长周期探究为突破

(一) 以问题为导向,借助阅读学习突破教学重点

结合课程标准要求及学生情况,教师初设了以下教学目标:(1) 通过阅读资料和模拟实验,知道人体主要消化器官的名称和特定功能;(2) 通过拼图游戏和观看视频等活动,说出食物在人体内消化吸收的过程;(3)体验探究人体奥秘的乐趣,感受消化器官间的相互配合,养成良好的饮食习惯。教师认为本课的教学重点为"知道人体主要消化器官的名称和特定功能",教学难点为"说出食物在人体内消化吸收的过程"。消化器官数量较多且功能各异,因此,教师将食物在人体内消化吸收的过程作为本课的难点。

如果通过各种活动来逐一学习消化器官的功能,很难使学生明白各种消化器官的功能,也很难使学生将这些零散的知识串联成一个完整的消化过程。面对这种情况,教师整理了一份适合小学三年级学生的阅读材料,以"馒头导游"为第一视角,描述了馒头在人体内的消化之旅,希望借助阅读学习来攻克难点。

「阅读材料」

馒头在人体内的消化之旅

刚才小朋友把我送到了口腔(qiāng)里,我与口腔里的唾液(tuò yè)充分混合。在舌头的搅拌(jiǎo bàn)和牙齿的咀嚼(jǔ jué)下,我变成了小碎块,开始了奇妙的消化之旅。如图 3-20 所示。

刚离开口腔,我就被挤进了一条细小的食道。食道运输着我,将我带向下一个器官。

我来到像个口袋似的胃里,胃开始不停地蠕(rú)动。胃里有许多胃液。我在胃液中被磨来磨去,慢慢变成了像粥(zhōu)一样的食糜(mí)。

几个小时后,在胃的蠕动下,我被推到了一条长达四至六米的弯弯曲曲的小肠中,这里有各种消化液,我被这些消化液进一步分解了。当我穿越长长的小肠时,我身上的营养被吸收到肠壁

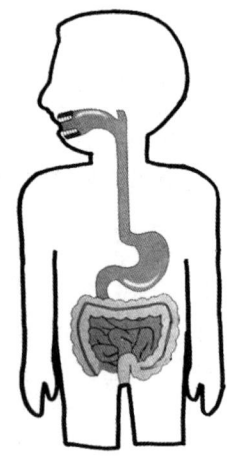

图 3-20 示意图

内的血管里,运送到人体的各个部分。而被消化并吸收掉营养的我,变成了残渣(cán zhā)。

紧接着,只剩残渣的我又进入到又粗又短的大肠中。我被大肠吸收了水分,变成了粪(fèn)便。

最后,我来到肛(gāng)门,肛门把粪便排出人体。

课堂上,通过阅读材料,学生与"馒头导游"一起在人体内进行了一场奇妙的旅行。阅读材料中涉及很多消化器官的名称和特定功能。教师希望学生在阅读后,对消化的过程有一个整体的认知。

为了让学生更有效率地进行阅读学习,教师还设计了一张阅读导学单,要求学生在阅读过程中完成,以帮助学生将重点内容整理出来,如表 3-17 所示。

表 3-17 阅读导学单

食物经过哪些器官	这些器官有什么作用	食物怎样变化
口腔	嚼碎、搅拌	变成小碎块

这张阅读导学单以"食物经过哪些器官""这些器官有什么作用""食物怎样变化"三个主要问题为线索,让学生在阅读材料中寻找问题的答案。

如此一来,通过阅读,学生便可以整理出人体主要消化器官的名称和特定功能,并了解食物在人体内消化吸收的过程,可谓一举多得。

看得出,围绕这个教学重点,教师从学生已有经验入手,激发了学生对科学知识的心理需求,引导学生从图片、文字、视频等资料中自主获取知识并自我内化。

(二) 利用长周期探究突破教学难点

"胃是如何消化食物的""胃液的作用是什么"这两个问题是学生对于胃这个消化器官普遍存在的疑惑。但胃长在人的身体里,如何直观而有趣地引导学生探究胃里的奥秘呢？我们寻找了一些替代品，通过长周期的观察实验来模拟胃里发生的事情。

在这一轮课中，教师主要利用实验现象较为明显的鸡蛋和白醋来模拟食物和胃液。为增强体验，教师使用了馒头、苹果、鸡蛋进行实验，并设置了清水对照组，如图 3-21 所示，指导学生进行为期一周的观察记录。

馒头在水和白醋中的变化

苹果在水和白醋中的变化

鸡蛋在水和白醋中的变化

图 3-21 长周期探究活动过程性资料

学生通过观察记录以及最后的搅一搅、捏一捏等活动，直观地了解了胃液可能对食物造成的影响，并在这一过程中发现了不少新的问题。观察记录是科学素养中极其重要的部分。培养学生的观察能力，让学生把科学探究的过程和结果记录下来，是科学教学中不可或缺的内容。比起单纯地告诉学生胃液的作用，这种长周期的模拟和观察记录无疑更有意义。

（三）存在的不足

在实际的课堂教学中，我们发现第一轮的教学设计与实施还存在着不少需要改进的地方。第一，基于小学三年级学生的阅读和书写能力，这样的阅读学习仍然存在较大难度。学生难以在限定的时间内完成阅读、圈划和摘录等工作。单纯的纸质文稿阅读较为枯燥，学生缺乏兴趣。第二，在长周期探究中，馒头、苹果、鸡蛋的实验现象不够明显。纸笔记录的方式较为单调，参与观察的学生覆盖面较窄,观察记录的结果难以及时得到反馈与评价。

二、学习平台、轻学助手有机融合,设计开展教学活动

针对第一轮教学设计与实施中存在的不足,第二轮课在阅读学习资料、醋泡鸡蛋的长周期探究、饮食习惯调查三个方面融入了新媒体和新技术。教师在课堂教学中融入信息化资源,试图改进传统的教学方式,提高课堂教学的效率。

为达成教学目标,教师设计了如图3-22所示的主要教学流程,将新媒体和新技术运用在各个环节中。

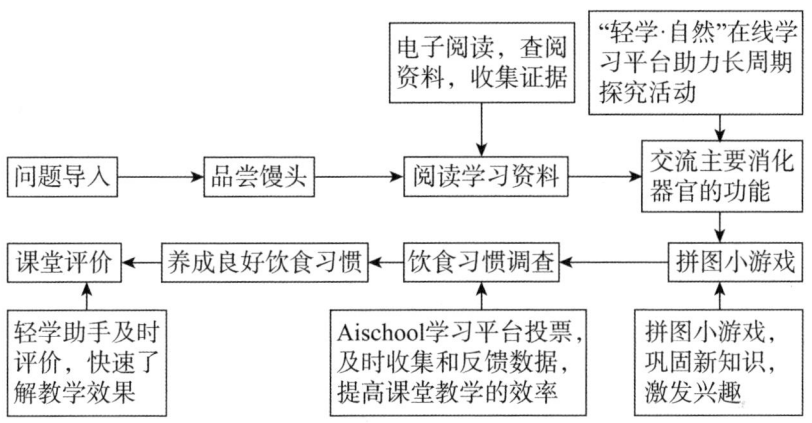

图3-22 第二轮课堂教学结构与技术支持效果展示

(一) 电子阅读,自主学习,有效储备基础知识

教师利用Aischool学习平台推送阅读学习资料。通过阅读学习,学生自主找到"食物经过哪些器官""这些器官有什么作用""食物怎样变化"三个主要问题的答案,收集有效的证据,为后面的探究打下基础。

游戏化学习很受学生欢迎。为了让新知识进一步得到巩固,在Aischool学习平台的支持下,我们设计了如图3-23所示的拼图小游戏。相对纸笔记录,它的操作更方便。保存下来的结果,可作为学生交流的资料。对照自己的记录,结合消化器官的图片,学生能够完整说出食物的消化过程,进一步认识食物的消化过程,提高阅读学习的效率。如果闯关成功,学生就可获得视频学习的奖励,奖励为观看视频。相对单纯观看视频,把观看视频作为闯关成功的奖励,让学生从被动观看到主动想看,更能够激发学生观看视频的兴趣。

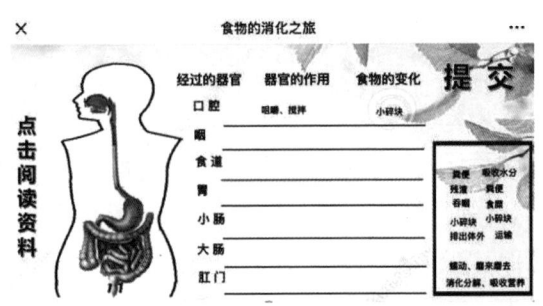

图 3-23 拼图小游戏界面截图

(二) 长周期探究,在"轻学·自然"在线学习平台上实时分享与互动交流

一个鸡蛋、一杯醋、一个容器,一次醋泡鸡蛋的长周期探究活动开始了。以往长周期探究活动过程中纸笔记录方式相对单一,学生较难分享。从图 3-24 中可以看出,"轻学·自然"在线学习平台(青浦区教育局投入建设)让记录变得有趣起来。学生随时可以拍照上传自己的观察结果,随时可以分享自己的观察收获,随时可以与其他同学和老师交流。学生观察到了这样的事实:蛋壳不见了,鸡蛋变软了,鸡蛋有弹性。学生通过分析知道了酸性物质具有一定的腐蚀性。学生把这个实验与人体内部胃液的功能有效建立联系,突破了教学的重点和难点。

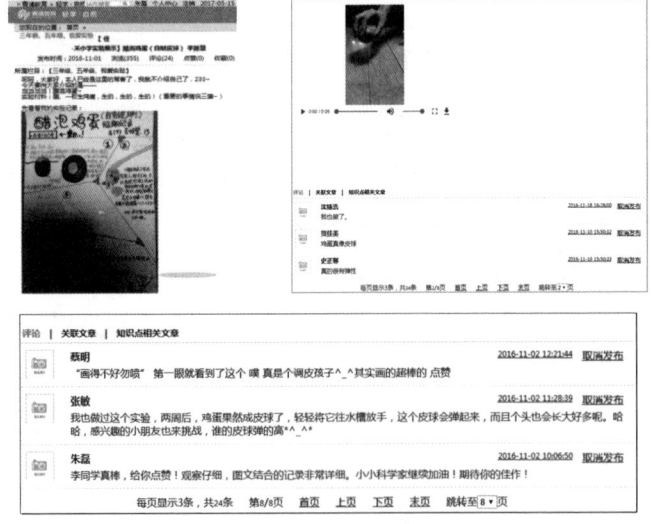

图 3-24 "轻学·自然"在线学习平台上的作品分享与师生互动

教师把"轻学·自然"在线学习平台融入长周期探究活动,很好地激发了学

生的兴趣。记录方式发生改变,拍照上传代替了纸笔记录,变得更方便了。互动交流方式发生改变,突破了时间和空间的界限,参与的人越来越多了。这些都为课堂教学中胃这一消化器官功能的学习打好了基础,使课堂教学增值。"轻学·自然"在线学习平台为学校和家庭之间搭建了一座无形的桥梁,使得家长与孩子共同参与线下线上跨时空的混合学习。"轻学·自然"在线学习平台建立以来,收录了大量的学生学习成果,这便是最有力的说明。

(三) 借助 Aischool 学习平台的统计功能,及时收集和反馈数据

其实,学生日常的饮食习惯会影响食物的消化。为了解学生日常的饮食习惯,我们利用 Aischool 学习平台的投票功能向学生推送日常饮食小调查。Aischool 学习平台可以快速显示学生投票结果,减少了传统统计的数据汇报环节,使教师直接进入数据分析环节,把节省下来的时间用到学生交流上和分析不良的饮食习惯造成的后果上,提高了课堂教学的效率。

第二轮课的饮食习惯调查也用到了 Aischool 学习平台的投票功能,如图 3-25 所示,学生根据推送的饮食习惯调查进行选择,完成提交后,屏幕上会快速显示选择结果的数据汇总,每一个选项的选择人数都会呈现,只要点击这个数字就会显示学生姓名。比如课堂上连续 3 次出现了丁涵舟同学的姓名,在组织交流时,丁涵舟同学会说到不良的饮食习惯给自己身体带来的影响,然后请其他同学结合之前学习的内容,帮他进行分析,最后给出合理的建议。相对第一轮,这次的调查反馈减少了数据收集和汇报的时间,直接进入交流,提高了数据分析的效率。

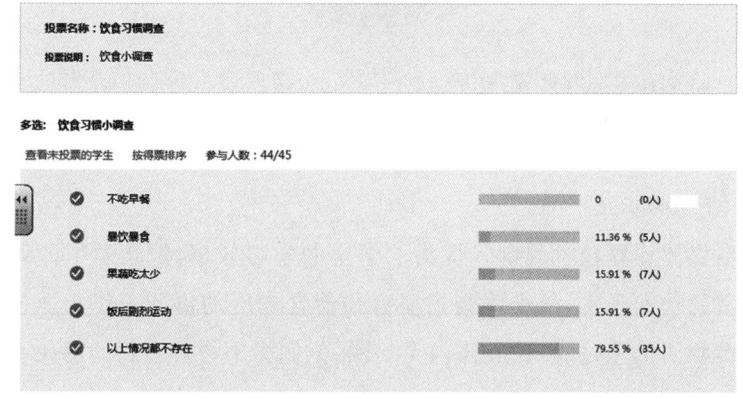

图 3-25　Aischool 学习平台采集的数据

轻学助手是青浦区探索有效评价的研究项目,设置了相关区级试点学校。在本轮课中围绕阅读兴趣和操作习惯两方面进行了组内成员的互评,这相对传统的课堂来说,又是一大突破。传统课堂上的评价一般就是教师对学生的评价,如口头表扬、竖大拇指。轻学助手涉及组内评价、组间评价、多对一评等多种评价方式,使评价有依据、更客观、更全面,同时记录下了每个学生每节课的成长历程,通过后台数据的积累,分析出学生的兴趣、特长、学习习惯等,这是传统评价无法做到的。

从图3-26所示的课后问卷调查结果可以看出,学生对课堂学习活动印象深刻。新媒体和新技术的融入,活跃了阅读学习的氛围,使阅读变得趣味十足;拓宽了长周期探究中记录、分享时空的界限,使更多的学生参与进来;减少了数据收集和汇报的时间,实时呈现数据汇总信息。

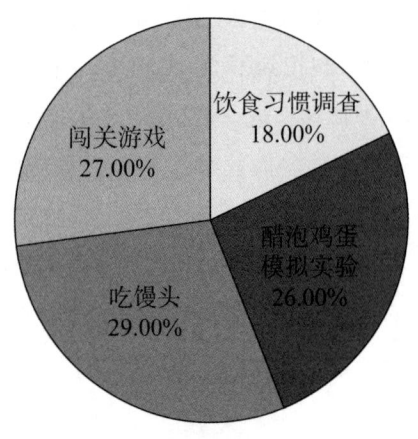

□饮食习惯调查 ■醋泡鸡蛋模拟实验 ■吃馒头 ■闯关游戏

图3-26 课后问卷中的信息采集

(四)存在的不足

虽然新媒体和新技术的融入提高了学生的学习效率,但是学生的认识还是以单个器官的功能为主,很难体会到器官与器官之间的协同工作。如果让学生亲自经历食物的消化过程,在人体内走一圈,他们会不会对食物的消化有更深一层的认识?

三、信息技术与实践体验的交互运用

第二轮课中,教师融入了信息化资源,改进了传统的教学方式,一定程度上提高了教学效率,但是学生的认知仅仅停留在观察、记忆等较浅的层次。如何进一步提升学生的认知力,解开食物消化的秘密?如何在课堂上创造一个和谐的学习环境,使学生在学习中具有良好的学习动机和兴趣?如何发展认知力,使学生的学习和人格都能够可持续发展?这是第三轮课想要突破的。于是,教师利用场馆资源组织学生进行游戏化学习,让学生把自己当作某种食物去人体消化系统旅行。这就是一个很好的切入口。

(一)搭建模拟场景,激发学习兴趣

兴趣是最好的老师,有强烈的学习兴趣才会有好的学习效果。但是,学生的学习兴趣很多时候需要教师创设情境来激发。

第三轮课中,由于消化系统是人体内部系统,对于学生来说非常抽象,教师特意在体育馆创设了一个大型的消化系统情境,利用地板定位贴、标志桶、毛线等材料,将口腔、咽、食道、胃、小肠、大肠、肛门等人体消化器官布置出来,让抽象的人体内部系统变得具象化。学生可以通过扮演某种食物,在这个大型的消化系统情境中游戏,自然而然地感受消化过程,体验探究人体奥秘的乐趣。这样新颖的情境,一下子就激发了学生对学习内容的直接兴趣,充分调动了学生的学习积极性。

(二)巧设课堂环节,提升学生的认知力

有无数的例子可以证明,我们的身体在塑造精神方面具有强大的能力,身体影响着我们的想法、情绪、决策和行动。神经系统科学和心理学研究成果也证明了运动对于理解的重要性,头脑并不是一个与身体和环境分离的抽象信息处理器,而是在很大程度上被身体和环境影响着。

在第三轮课中,教师结合具身认知这一科学理论,巧妙设计每个课堂游戏,进一步提升学生的认知力。闯关游戏一"口里嚼一嚼",通过明确游戏规则,体会当牙齿咀嚼时,食物变成小碎块的过程;闯关游戏二"胃里扭一扭",通过发挥想象力,用身体表演食物在胃里的状态,从而感受食物在胃里变成食糜的过程;闯关游戏三"肠里走一走",通过模拟食糜经过小肠、大肠的过程,体验在其中丢失营养、丢失水分等步骤,了解人体小肠、大肠的基本作用。最后通过回放三个闯

关游戏视频,帮助学生梳理人体主要消化器官以及这些器官的主要作用。

学生在整节课中充分运用身体,体验人体的消化过程。从图 3-27 所示的学习单中不难发现,学生已经在不知不觉中把需要学习的知识装进了脑中,实现了快乐学习。

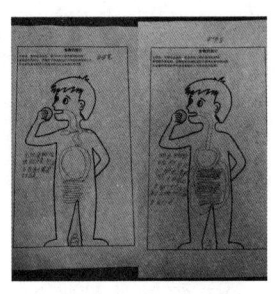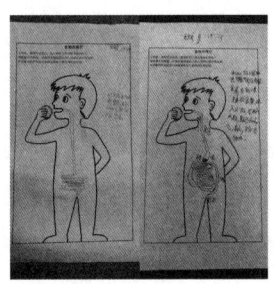

图 3-27 学生的学习单

(三) 借助多媒体手段,丰富学生课堂体验

多媒体手段的应用,可以给课堂带来绚丽的变化,但只有将多媒体运用在不可替代的地方,才能真正优化课堂。

在第三轮课中,闯关游戏二"胃里扭一扭"环节就借助电子书包进行了拍摄。每个小组在表演的同时都要拍摄照片,并将照片上传至班级相册,其他小组可以浏览照片并进行投票,选出表演最棒的小组率先进入下一个游戏。这里的多媒体手段不仅解决了表演类活动难以交流的问题,还能一下子选出表演最棒的小组,将生生评价无痕融入活动中,显然是有助于课堂的。

只有借助多媒体手段,我们才能实现这样的开放课堂,真正提升学生的自主学习能力,拓展学生的科学视野。

当然,利用场馆资源从游戏化学习的角度引导学生去学习,也是一个不成熟的尝试。不过,学生对游戏本来就有天生的爱好,对多媒体又有强烈的好奇心,将游戏作为与学生沟通的平台,使知识传递的过程更加生动,从而脱离传统的单向说教模式,将互动元素引入沟通环节,让学生在轻松、愉快、积极的环境中进行学习,真正实现以人为本、尊重人性的教育,这也是教师需要不断学习和思考的。

四、课例研究的启示

综上所述,教师在教学方式上不断寻求突破。

(一) 资源、内容、人员等组织方式正悄然发生变化

"食物的消化之旅"三轮课组织方式对比如表 3-18 所示。

表 3-18 "食物的消化之旅"三轮课组织方式对比

内容\轮次	第一轮课	第二轮课	第三轮课
组织方式	1. 内容组织以问题任务形态为特点,通过教师讲解和学生阅读教师准备的纸质书面材料,建构消化系统组成、主要消化器官作用以及食物的变化三个相关概念 2. 个别学生交流长周期探究的收获 3. 两大活动主要用一对一课堂理答模式展开	1. 内容组织仍然以问题任务形态为特点,学生借助无线设备、学科平台资源和实验室环境,完成阅读、观察、实验、评价等基于核心问题解决的任务 2. 三大活动分别设计为独立完成、两人互助完成、独立完成	1. 学生借助体育馆场馆资源和无线设备,完成阅读、角色体验、提问、实时在线互动等基于游戏化学习的整合性活动 2. 角色体验活动分为三部分,分别设计为独立完成、小组合作完成、集体参与完成

(二) 学生的参与度和交流有效性增强

在问题解决过程中,学生从个体的阅读、观察扩展到两人、四人及集体合作的阅读、观察、实验、游戏化的角色实践。多样的学习经历能使学生掌握更多的方法与技能,形成有效解决问题的思维。

在第二轮课中,学生参与度和交流有效性比第一轮课中有了明显的提升:参与度为 100.00%;达标率为 75.00%;交流度为 50.00%;成就感为 70.00%。

在第三轮课中,部分指标提升更加明显,且分布程度较为均匀:参与度为 100.00%;达标率为 85.00%;交流度为 65.00%;成就感为 90.00%。

(三) 技术与环境资源的优化需要不断的实践与探索

通过本次课例研究,我们感受到在技术与环境资源支持下,从人员、资源及内容的组织方式入手,变革教学方式是值得深入研究的。

我们认识到,信息技术与传统教学模式的巧妙结合,使信息技术成为教师教学的得力助手、学生学习的好帮手,应让技术融入课堂,发挥课堂诊断、反馈与评价功能。我们清楚地看到,新媒体和新技术不仅可以在课堂上发挥作用,还可以

突破时空发挥作用,促进学生自主学习,提高学生学习兴趣,提高教学的有效性。

但是尚有一些问题有待解决。以我们的"爱实验"微信公众号为例,目前关注人数已近五千,"轻学·自然"在线学习平台访问量已经破十万,如何更好地运用这两个平台,将科学探究(尤其是长周期探究)进行得更为深入,发挥交互、集聚、释放的作用?Aischool 学习平台与轻学助手的牵手,实现了教学过程与教学评价相融合,如何进一步发挥其激励、反馈与诊断的作用?

我们也看到,借助场馆资源,自然课探究的空间更加立体。教师应从学生的需求出发,带领学生在更加真实的情境中学习,让课堂更加充满生机和活力。同时教师需要明白游戏的要义,避免游戏活动的形式化和低效。我们仍要进一步在课例研究中寻找有效的操作方法和策略。

第六节

以长周期探究为核心的课例研究

原上海市小学自然学科教研员姚晓春老师提出了深化学科教学内涵的实践模型。具体的主题设计模型图如图3-28所示。主题设计有利于学生形成良好的知识结构,而良好的知识结构不仅有利于知识的储存、提取和应用,还有利于减轻学生的负担,提高学生的思维品质。主题设计能使教师的教学过程符合学生的认知需要,提升教学的效率。

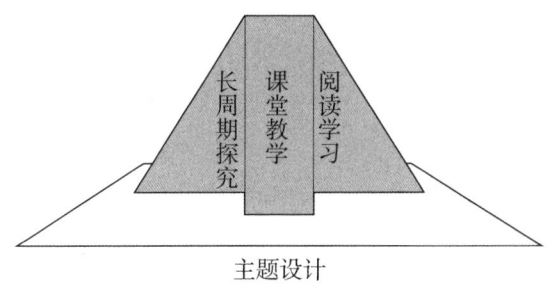

图3-28 主题设计模型图

主题设计体现为有序列的整体。学生的每个学习活动都不是孤立的,很多时候会涉及一组概念。要想在教学活动中根据学生的认知安排这些概念的学习,我们就要对这一组概念进行整体的思考。小学自然的学习内容本身就是有结构的,相关知识围绕核心内容(概念)相互联系,构成整体。开展主题设计的基本任务就是要把握知识本身的结构。知识是有结构的,学生的学习过程也是有结构的。学生的学习过程既需要知识和能力基础,又需要适当的程序,这组成了学生认知过程的基本结构。学生的心理结构一般包括学生的知识和能力基础、学生在某一情境下的问题需求、问题需求和问题解决的程序。学习内容的逻辑结构一般指主题内容自身的逻辑结构,既有概念与概念之间的逻辑关系,又有概念或规律之间的逻辑关系。

对于长周期探究是什么、长周期探究怎么进行、长周期探究的课该怎么上,我们有自己的理解。下面的"光合作用"以及"水生植物的适应性"的课例就是两位年轻教师的实践与思考。

一、生态瓶中疑问多,找寻证据是关键——以"光合作用"一课为例[①]

一个饮料瓶、几根水草、几条鱼、几个螺蛳、几个泥鳅……这就是朱磊老师带领学生自制的一个简易生态瓶学具。通过三周的观察,学生有了很多疑问:无氧的环境下,这些鱼是怎么生存的呢?水草又是怎么存活的呢?螺蛳为什么也能活着呢?针对学生对生态瓶产生的疑问,朱磊老师开展了基于证据的探究活动,于是产生了"光合作用"这一课。我指导朱磊老师在课后写下了这样一篇心得。

(一)课例摘录

小学高年级的学生在课堂教学过程中,大多不愿说出自己的想法。在小组活动中,积极参与的总是那么几个学生。比如五年级的小张,在交流昼夜交替现象的小组活动中,可以根据老师的提示说出很多种假设,但是在后面的小组汇报中,却没有把自己的想法说出来。记得在三年级的时候,小张上课还是非常积极的,总能大声说出自己的想法。现在五年级的学生大胆发言的情况越来越少了。他们甚至对以前最喜欢的实验课,也提不起兴趣。在和其他教师的交流中,我发现不仅仅是我的学生有这样的情况。教师如何设计课堂教学,才能真正激发小学高年级学生对自然课的兴趣,从而让学生积极参与其中,并能大胆说出自己的想法呢?

四十分钟的小组活动,三个工作台,三种不同的活动方式,充分的活动时间,不同的学习体验,激发了学生的学习兴趣,让他们真正知道了在活动中应该做什么和怎么做。在青浦区教育局组织的"中美科学学科教育比较与研究"培训中,米歇尔(Michelle)老师执教的小学五年级"光合作用"一课,给我留下了深刻的印象。在画光合作用概念图的工作台上,每个学生都会把自己的想法与小组成员一起分享,在交流过程中,意见也能够达成一致。米歇尔老师三个工作台的活动设计很好地解决了本节课的教学难点,达成了教学目标。那米歇尔的教学方式能否运用到我的课堂教学中呢?我的课堂会不会也有这样的效果呢?学生的人数、小组活动时间该怎么安排呢?这些问题一直在我的脑海里徘徊。

在课堂教学中,我发现了一些问题:学生小组活动时间有限,小组内的交流不够充分;各个工作台的活动目标不明确;教师的指导存在局限性;学生人数较多,工作台转换起来比较散乱……现在的问题是如何利用有限的时间和空间,开

---

① 课例由上海市青浦佳禾小学朱磊老师提供。

展长周期探究实践活动。

1. 长周期探究实践活动,探究不只是在课堂教学中

我设计了长周期探究实践活动,给每个班级都准备了一个生态瓶。我在制作生态瓶的过程中学到了很多知识,如水里面的水草并不都是金鱼藻,选择怎样的瓶子、放多少水草能够养活金鱼藻及螺蛳。学生看到生态瓶后,提了很多的问题:这里面的鱼会死吗?这个瓶子是怎么做的?这里面是什么啊?

显然,学生对生态瓶产生了好奇。课后,他们会去观察班级中的生态瓶,记录下他们所发现的各种现象。在观察和记录的这段时间里,总会有学生过来和我讲有关生态瓶的事情(如生态瓶中的水变少了,今天有人摇生态瓶了),问我一些关于生态瓶的问题(如生态瓶中没有空气,泥鳅是怎么活的)。

可见,学生的积极性被充分调动起来了。根据学生提出问题的记录单,有些问题通过小组交流和回家查阅资料等方式可以解决;而有些问题通过这些途径无法得到很好的解释。很多学生不理解泥鳅在封闭的生态瓶中能够生活很好的原因。由于氧气和二氧化碳都是无形的气体,学生在课外自主探究很困难,于是我就设计了"光合作用"这堂课。在学生长周期探究实践的基础上,我引导学生亲身经历科学探究的过程。

2. 针对长周期探究实践活动过程中产生的问题,设计合适的教学活动

在课堂教学中,由于讨论的是学生自己提出的问题,学生的求知欲特别高,学习兴趣很浓厚。我想借用米歇尔老师"光合作用"一课中工作台的活动设计,但是我能预留的时间只有15分钟。如何利用这15分钟,让学生积极参与活动呢?我要求全班成立"二氧化碳去了哪里"和"氧气从哪里来"两个问题解决组,通过实验或查阅资料的方式来解决各自的问题。在有限的时间里,学生根据如图3-29所示的学习单,将自己学到的知识传递给小组内的其他成员,让小组内的所有成员都能从整体上明白如何证明植物在光照条件下吸收二氧化碳并释放氧气。在小组活动中,教师只是一个实验员,学生才是课堂的主角。小组中每一个人既是指导者,也是学习者。他们会根据自己学到的知识来教会小组内的其他成员。在这个过程中,学生的思维相互碰撞。在后面的小组汇报中,学生也能够准确介绍出证明植物在光照条件下吸收二氧化碳并释放氧气的实验过程。

在整个课堂教学过程中,学生都能积极参与小组活动,基本明确了自己所要解决的问题并能很好地完成自己的任务。但在组内交流的过程中,由于时间有限,学生还是缺少充分的交流,不能将在整个过程中学到的知识有机融合起来。

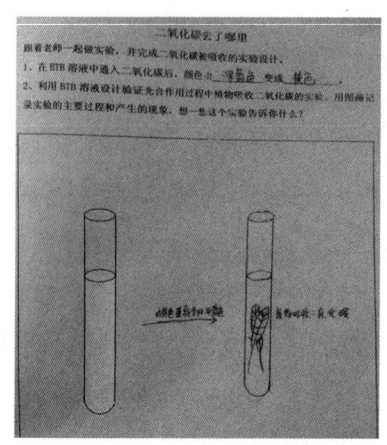 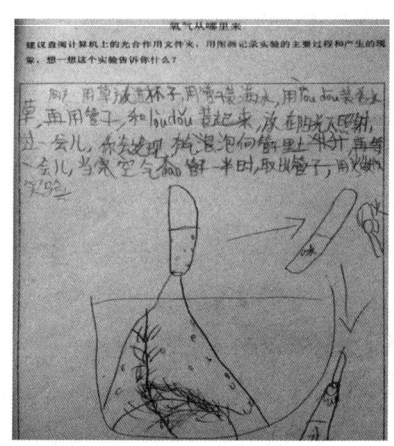

图 3-29 "生态瓶"学习单

3. 长周期探究实践活动,贵在"长"

下课了,学生意犹未尽,他们也想亲自制作一个生态瓶。于是我提供给他们泥鳅和水草,而瓶子和水由他们自己带来。他们还要负责观察和记录生态瓶中小动物的生活情况。学生很高兴地回去了。第二天吃过午饭,学生就等在了办公室门口,手里拿着装有水的塑料瓶,向我索要泥鳅、水草以及记录单。看到学生如此主动,我心里特别高兴。

最近,学生会过来跟我讲自己家中的生态瓶(如我家的螺蛳生小宝宝了,泥鳅在瓶子里一动不动,螺蛳好像在冬眠),也会过来问一些问题(如螺蛳会不会冬眠,为什么泥鳅的警惕性这么高)。这么多的问题,我一时无法回答,于是我请学生自己回去寻找解决问题的方法,明天再和我交流。针对学生在长周期探究实践活动中产生的问题,如何挖掘其科学探究价值,还需要我在实践中不断摸索,进一步完善活动设计。小小的生态瓶中蕴藏着很多我们不了解的科学道理。其中的奥秘,需要我和学生一起去探究。

(二) 课例启示

探究学生在实践中产生的真实问题是科学教学的核心策略。在长周期探究实践活动中,学生亲身实践,持续观察,以行为主导者的身份提出为什么、是什么、怎么样等问题,在这些问题的引领下,像科学家一样去实践,去验证,去寻求解决问题的方法。这样的活动使学生经历了一个发现问题、提出问题、搜集证据、进行解释的完整探究过程。对学生来说,最快乐的莫过于他们发现了新问题,进行了新探索。我想这就是我们追求的探究的本质。

虽然从朱磊老师的随笔中我们看到课堂还存在不少的遗憾,但是,这一次课例研究让我们对这个主题有了更深的理解。

1. 收集证据在科学探究中的作用

科学探究是一个收集和利用证据对科学现象进行解释的活动过程,提出问题是开始,得出解释与结论是结束,而收集证据是科学探究得出解释与结论的唯一依据。《上海市小学自然课程标准》修订稿中也指出,要(引导学生)初步养成注重事实的态度,初步具有利用证据作出解释和判断的意识与习惯。可见收集证据进行解释在探究活动中的重要性。

2. 从假设到证明,关键是收集证据

如何帮助学生来解决这些问题? 课堂上教师引导学生对这些问题进行了梳理。动植物在封闭的生态瓶中如何生存涉及图3-30中的两个关键问题。

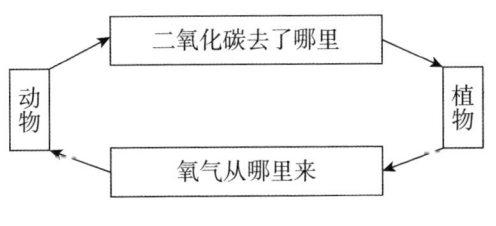

图3-30 关键问题的梳理

通过梳理,学生提出了假设:"动物呼吸需要的氧气是植物提供的,动物呼出的二氧化碳被植物吸收了,植物吸收二氧化碳需要阳光进行光合作用。"真的是这样吗? 如何来证明呢? 关键是证据。

3. 收集证据是学生通过探究获得新知识的关键所在

教师将全班分成了"二氧化碳去了哪里"和"氧气从哪里来"两个问题解决组,通过实验或查阅资料的方式来解决各自的问题。在有限的时间里,学生根据学习单将自己学到的知识传递给小组内的其他成员,让小组内的所有成员都能从整体上明白如何证明植物在光照条件下吸收二氧化碳并释放氧气。在小组活动中,教师只是一个实验员,学生才是课堂的主角。小组中每一个人既是指导者,也是学习者。他们会根据自己学到的知识来教会小组内的其他成员。在这个过程中,学生的思维相互碰撞。在后面的小组汇报中,学生也能够准确介绍出证明植物在光照条件下吸收二氧化碳并释放氧气的实验过程。

在整个课堂教学过程中,学生都能积极参与小组活动,基本明确了自己所要解决的问题并能很好地完成自己的任务。但在组内交流的过程中,由于时间有限,学生还是缺少充分的交流,不能将在整个过程中学到的知识有机融合起来。看来还有新的问题等待着我们去求证。

二、转向师生"做科学"的探究学习课堂——以"水生植物的适应性"一课为例[①]

小学自然课程是一门以培养学生科学素养为宗旨,承担小学生科学启蒙教育任务的综合性基础课程。课程以全面培养学生的科学素养为宗旨,以科学探究为核心改进学生的学习方式,构建多元化的发展性评价体系。

我们把理解日新月异的科学与技术的能力称为科学素养,小学阶段的学生年龄普遍在6至12岁,正处于皮亚杰认识发生理论中所描述的具体运演阶段,该阶段的学生还不能离开具体经验和事物去思考和探究。皮亚杰还主张让学生根据自己已有的经验和看法建构自己的知识。在教学过程中,我们也需要更多地关注学生的兴趣和想法,重视学生的思考。

一项数学与科学测验结果表明,教师越假定自己对科学了解得不够多,他们的学生(小学四年级)的测验成绩就越高。而这种师生"做科学"的探究学习课堂既能满足小学阶段学生的心理发展需求,又能通过建构主义的方式帮助学生建构思维。

(一) 为了指导学生探究,教师应该先学会探究

如果要使问题真正成为科学探究的起点,就要将问题指向已有知识,将两者联系起来,使问题从现象的描述转为本质的探究,将完全无知的问题转化为具有某种抽象性、渗透一定知识理论的、有所知又有所不知的科学问题。而水生植物对于水乡的学生来说就是有所知又有所不知的科学问题中的典型。水生植物的

---

① 课例由上海市青浦瀚文小学沈芳珠老师提供。

适应性是小学自然(牛津上海版)第九册第一单元第七课时的内容。本单元从植物的生命周期导入,以植物的适应性为主线,引导学生通过探究,认识植物适应环境的本领,感悟适者生存的规律。

我们将能在水中生长的植物,统称为水生植物。水生植物多种多样,按照生活方式可分为漂浮植物、挺水植物、沉水植物、浮叶植物等,同一生活方式的不同水生植物也有不同的适应环境的特殊结构。面对这么复杂的知识体系,执教者应该掌握哪些知识呢？需要掌握到哪种程度呢？又需要建立起怎样的知识体系呢？为了指导学生探究,教师应该先学会探究。

面对这些疑问,教师尝试根据自己熟悉的旱生植物的特点,画出了图3-31。

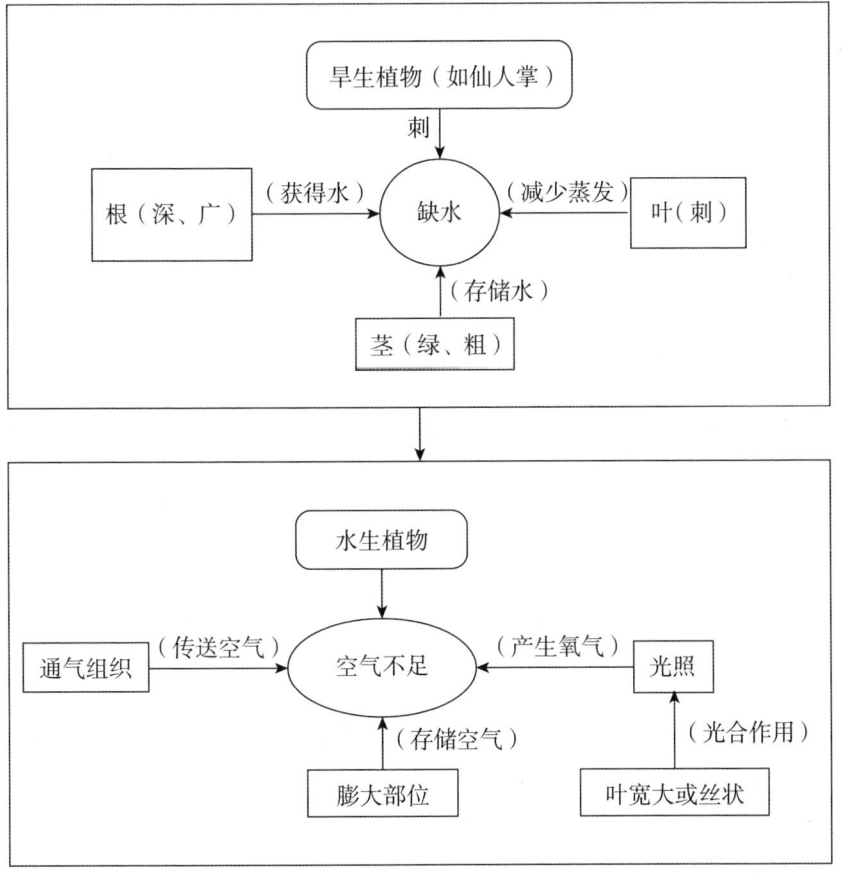

图3-31 由旱生植物引发水生植物的思维导图

教师先要明确课程标准和教材中学生需要掌握的内容是什么,再根据自己已有的知识去充实和完善知识体系,以满足学生的探究需求。水生植物对教师和学生来说都是既熟悉又陌生的植物。水生植物品类繁多,怎样在一节课的时间内引导学生认识水生植物的形态与功能间的相互关系呢?根据多次试教的经验和探究旱生植物的方法,教师最终决定从水中空气不足入手让学生探究水生植物。

(二)认识失衡是学生学习的一个必要前提

课内外结合的长周期探究实践活动是我们一直坚持的学生科学学习方式。同样,在学习本单元之前,执教者让学生通过长周期种植的方式探究植物的生命周期、种子的萌发条件等。在水中种植植物(种子)时,学生发现水中种植的植物(种子)和泥土中种植的植物(种子)有明显不同,如图3-32所示,有的停止生长,有的腐烂发臭。这与他们常见的植物生长情况有所不同,导致了认识失衡。有些学生觉得这是失败的经历,问执教者要了新的种子,重新种植,但是他们中的大部分人最终还是失败了。

只有去寻找对认知失衡的解释,学习才有可能发生。执教者希望抓住学生在长周期探究实践活动中的认识失衡,设计一系列的观察与实验活动,使学生认识到水生植物与陆生植物的区别,从而了解在不同环境下生长的植物有不同的特点。

图3-32 土培植物和水培植物的明显不同

如果说上述活动是执教者精心设计的旨在引发学生认识失衡的活动,那么

图 3-33 中水葫芦的差异则引发了教师的认识失衡。图中右边的水葫芦是刚从学校附近河道里捞起来的水葫芦,左边的水葫芦是在同一条河道里捞起来后又在学校的池塘里种植了近两个月的同品种的水葫芦。只是在学校的池塘里种植了近两个月,水葫芦竟然发生了如此大的变化。

图 3-33 同种水葫芦生活在不同水环境中的差异

图 3-34 土培水葫芦叶柄的变化

在课的最后,执教者利用自己的认识失衡,又引出学生新的长周期探究实践活动,让学生在学习之余,将水生植物种植在不同环境中,实现纵向和横向的比较,从而发现更多植物适应性的问题。学生的发现如图 3-34、图 3-35、图 3-36 所示。

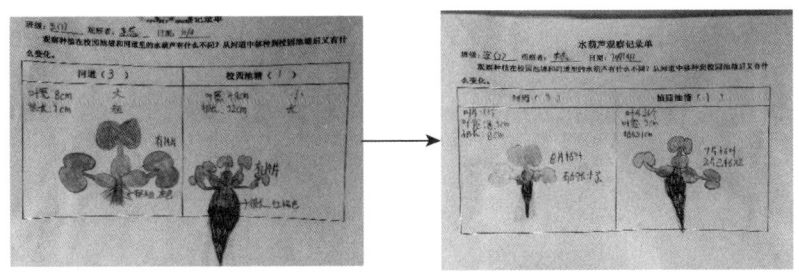
图 3-35 河道水葫芦种入池塘后的学生记录(一)

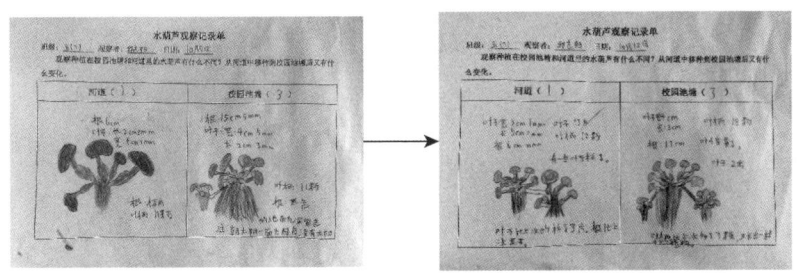
图 3-36 河道水葫芦种入池塘后的学生记录(二)

(三) 转向引导学生"做科学"的探究学习课堂

对于儿童而言,学习如何"做科学"比学习科学知识要好,建构学生自己的理解比重复教师的理解要好,只有儿童自己"做的科学"才是他们真正学到的科学。教师在学生"做科学"的过程中应该起到指导和引领的作用。

以学生的科学概念和科学经验为基础,建构适合学生发展的科学活动,是小学科学教师追求的目标。本课中教师通过不断尝试最终确定了较为适合学生年龄和科学经验的"做科学"的探究学习过程,如图3-37所示。

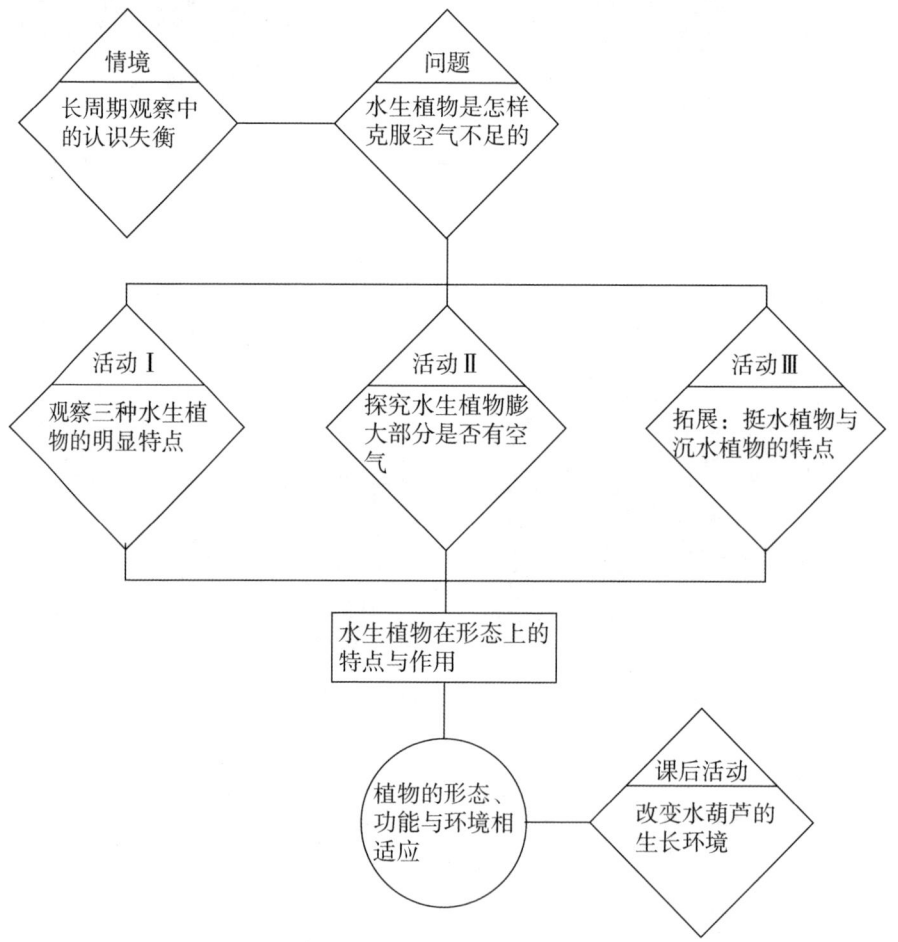

图3-37 "水生植物的适应性"的教学过程设计

在确定上述探究学习内容的过程中遇到了诸多问题。这些问题的出现也为教师创设引导学生"做科学"的探究学习课堂奠定了基础。

1. 观察对象从单一到多样，观察点从多个到单个

水生植物种类繁多，其中，浮水植物是较为典型的水生植物。经过实地考察，我们找到了江南水乡特有的水生植物——菱。这种水生植物的果实当地学生接触较多，而水生植物本身很少有学生看到过。菱这种水生植物集各种水生植物的特点于一身，对于执教者来说是很好的资源。然而小学科学教育需要建立在学生的经验基础之上，菱所具有的水生植物的特点多但是又有些隐蔽，学生很难注意到它身上的特点与生存条件（水分、空气、阳光、养料）之间的联系。

在后面的教学活动中，教师在保留菱的同时，又把学生熟悉的水葫芦和水鳖等水生植物引入课堂，将观察的点从水分、空气、阳光、养料减少到空气，让学生重点关注"水中空气不足"。这样既降低了探究学习的难度，又增加了各种水生植物间的横向比较，使学生能在发现中总结，在总结中发现。

2. 观察方法科学化、生活化，记录形式多元化

前期教学过程中，教师对观察方法的指导过于单调，操作也缺乏一定的科学性，主要引导学生通过观察菱这种水生植物在水分、空气、阳光、养料等多条件上的适应性，并通过先在空气中剪开菱的膨大部位，再将其膨大部位放入水中，挤压产生气泡来探究水生植物储存空气的部位及其可能的作用。在空气中剪开菱的膨大部位，从科学性的角度分析存在一定的问题。我们不能确定空气是在剪开菱的膨大部位之前就存在于植物体内还是在剪开之后才补充进去的。形成这种思考源于学生在剪开前的猜测，一部分学生认为，这其中可能存在着很多的水分（这些学生的猜测建立在没有获得长周期探究实践活动中认识失衡的前提下）。怎样才能让学生更深刻地认识到菱的膨大部位储存的是空气呢？贴近学生生活经验的例子是最好的说明。执教者在引导学生思考探究方法的时候从学生的生活经验出发，让学生想到了鱼在水中吐泡泡的情形，想到了救生圈中充满空气能让人漂浮，想到了海绵是多孔的……这样的引导使得结论的得出源于生活，又更加科学。

在记录实验中观察到的现象和情形也不再单一。学生可以根据自己想到的一种或多种方法在记录单上用文字、图画或者图文结合的方式简单描述出自己在探究时的发现，如图 3-38 和图 3-39 所示。

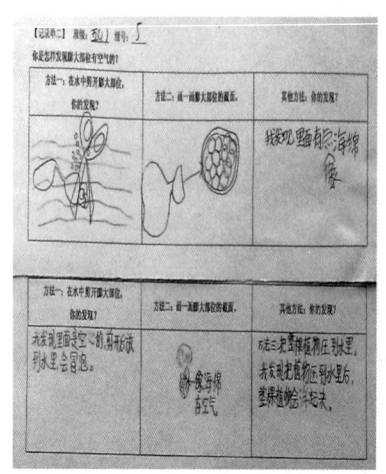

图 3-38 学生记录单使用情况(一)　　图 3-39 学生记录单使用情况(二)

3. 教学经验来源于学生的特殊需求

课堂上学生发言积极、表现活跃,个别学生在观察水生植物和土培植物生长情况时发现水生植物长势不好的主要原因是水中氧气不足。这样,学生就知道了植物和人类一样也是需要氧气的。

学生在观察水生植物克服水中氧气不足的方法、探究膨大部位是否有空气等活动中的表现也超出我的预期。他们除了发现我预设的水生植物有膨大部位,还发现菱的果实也是漂浮的,想到叶子的大小和表面张力的关系,发现不同的水生植物气囊大小及数量不同(如课堂中探究的菱和水葫芦,虽然水葫芦的气囊大,但是菱的气囊多,在总量上又是平衡的),发现气囊的结构很像人类的肺的结构,进一步说明气囊是用来存储氧气的……

学生的这些发现和特殊需求是教师以后组织过程导向的探究学习和引导课堂教学的宝贵经验。

4. 科学课程应与学生的生活经验相联系

小学生年龄一般介于 6 至 12 岁之间,根据皮亚杰的观点,这一时期儿童思维的主要特征是能够因循逻辑规则进行推理,但其推理思维能力往往局限于眼前的具体情境或已有的经验,需要借助具体的形象进行。

小学阶段的科学教育应建立在学生生活经验的基础上。从前面几次的教学情况来看,脱离学生经验和实际的教学使得学生的思维散乱,使得观察和探究活动没有明确的目的。青浦是一个美丽的水乡,水乡的孩子当然不止知道水葫芦。学生根据在本课中学到的知识,适当迁移,认识生活中的水生植物,才能全面了解水生植物的特点。

小学科学课程的教学既要来源于生活,又要运用到真实的生活情境中去。

三、播下长周期探究的种子,在自然的环境中生长

2011年6月,姚晓春老师主编的《小学科学长周期探究案例》一书由上海教育出版社出版发行,书中收录了十个案例。我指导瀚文小学徐剑兰老师做的"植物的生活"就是其中的一个。以下是我对这个案例的评析和总结。

从上文的介绍中,我们可以清晰地看到,在这次课内外结合的长周期探究活动中,学生和教师都有了全新的体验,还有了一些意外的收获。

在植物的生长过程中,学生的爱心也在不断成长。有的学生发现自己养的植物长高了、长绿了、开花了、结果了,非常开心,忙着跑过来告诉老师;有的学生发现自己种的刀豆的叶子被虫子吃掉了,非常着急;有的学生发现自己养的植物,不知被哪个调皮捣蛋的同学折断了茎,非常难过;有的学生发现自己养的植物有点发霉了,觉得可惜,问老师可不可以把它从橱柜里移出来,放到阳光底下,让阳光给它杀菌,或者让它呼吸一些新鲜的空气;有的学生发现自己种的刀豆又一次开花了,结果了,觉得很好奇;有的学生想让自己的植物长得好一点,问老师是否可以给它施点肥。

相较蘑菇、苔藓等喜阴植物,在城区长大的学生(包括乡镇学校的学生)对蕨类植物是比较陌生的。如果仅仅用图片和视频资料进行介绍,学生的认识不够深刻。有一天,教师无意中发现在操场的窨井盖下长着蕨,于是请人帮助打开了窨井盖。果然,在阴暗、湿漉漉的窨井盖下长着一簇碧绿的、生机勃勃的蕨。这恰好帮助学生进一步理解了除蘑菇、苔藓外还有其他植物的生长也不需要充足阳光的事实。正是由于教师有一双善于发现的眼睛,才让学生看到了这样鲜活的例子。如果教师没有真正投入其中,那么就算是机会在眼前也会错失。这正是长周期探究的魅力所在,不仅学生在探究中会有收获,参与指导的教师也会有收获。

在瀚文小学,大家都称徐老师是半个菜农。徐老师曾说:"选择让学生种植哪些植物时,我有三点考虑。一是在当前这个时节播种的、比较容易存活的植物;二是在阳光和黑暗环境中生长情况差异较大的植物;三是学生比较熟悉的植物。之前我对一些蔬菜的播种、养护知识也是一知半解，于是我请教了学校的后勤人员，知道了一些蔬菜的播种时节及其发芽、开花、结果时间，知道了如何播种能使种子的发芽率高，知道了不同植物对泥土的需求等。在引导学生开展同种植物在阳光和黑暗环境中生长情况的长周期观察活动时，我也在学校的菜园中种植了一些蔬菜。经过这段时间的实践，我也成了半个菜农。"

充分利用校园资源、积极为学生创造条件，有赖于教师的主观能动性。教师应主动承担起园丁的职责，正如瀚文小学的徐老师和后勤人员。瀚文小学校园绿化多样，分布在教学区和生活区。校园里还开辟了一片庄稼地，专门种植时令蔬菜，在校园里不大的操场一角还喂养了一群鸽子。瀚文小学的一年级学生是以寄宿生活为主的，他们有时间、有条件利用这些校园资源进行深入细致的观察。而教师经常适时进行辅导，保证了活动开展的有效性。

自然教材中的很多教学内容涉及自然生命世界，局限于课堂三十五分钟，根本无法达成良好的学习目标，势必要课内外相结合。教师可以组织、引导学生充分利用学校、家庭、社会、大自然中的多种资源进行探究学习，恰当地引导学生对自然界及日常生活中的现象进行观察和记录，提高学生对自然学科的学习兴趣，不断丰富他们的学习经历和对自然现象的体验，提高学生发现问题、分析问题、解决问题的能力，进而提高学生探究的有效性。

2013年9月，上海市教委教研室主编了学科育人价值研究丛书。其中小学自然学科《体验快乐，乐于探究》一书中收录了我和瀚文小学游琪佳老师撰写的《春天里的观察》长周期探究案例。从如何带领学生开展长周期探究，到课例研究的改进过程，再到实施案例的体会和启示，我们一一道来。这个课例从2013年做到2015年，没有间断过，对于校园植物的考察与记录让我们对校园植物的生长情况有了更加深入的认识。三年来瀚文小学将它发展成了校本课程。课程的实施者从游琪佳老师扩展为自然学科组全体教师，还包括其他探究和拓展课的老师。授课的对象也从一年级的学生变为各年级的学生。课程采用模块化的序列展开，有助于学生头脑中知识树的建构。随着课程的展开，各项与课程相关的评价研究也在深入推进。

2015年4月，青浦区教育局组织了四年一次的中青年教师教学评比课。我作为组织者与评委，去重固小学观察了当时不足四年教龄的周枞老师执教的小学四年级"池塘中的食物链"一课。我惊喜之余又陷入沉思。

1994年,我也参加了当年的区评比课,执教的是小学二年级"动物吃什么"一课。当时我设计了这样一个游戏活动,请组内小朋友戴上动物头饰,在老师提供的食物中找出自己喜欢吃的东西。我希望学生能够理解课上学的内容,即有些动物是吃植物的,有些动物是吃动物的,有些动物既吃动物又吃植物。预设中也加入了有争议的食物。记得课上学生玩得挺热闹,我也得了奖。但是自己真的没有想过这样做的理由是什么。

　　20多年过去了,周枞老师在她的教学设计与反思中这样提及食物链的本质:"通俗地说,食物链反映了生物之间吃与被吃的关系。但食物链的本质,实际上是能量逐级传递。我打算拨开现象见本质,不再一味强调那些像绕口令似的吃与被吃的关系,而是让学生先明白动物吃食的意义,再明白在吃与被吃的过程中,能量也正在悄悄地传递,而能量传递的方向就是食物链中箭头的方向。"

　　基于这样的理解,她在活动设计的过程中十分重视长周期探究实践活动。学生开始主动发问了:"河虾去哪里了?为什么前两天没有消失呢?是跳出去了还是被谁吃了呢?"学生瞪大了眼睛仔细观察,终于在水藻中发现了失踪河虾的微小残骸,然后又是一轮讨论和调查。学生一起找到了凶手——小龙虾。就连水藻的细微变化也没能逃过学生的法眼。

　　通过为期两周的观察,这个模拟池塘中"居民们"的关系逐渐清晰。学生在观察中不断发现问题、寻找答案。

　　相比我之前设计的游戏活动,显然周枞老师设计的"模拟食物网"的活动更为合理、有效。她在课堂中搭建起看得见的食物网模型,通过拉一拉的过程,让学生真实体验了池塘生态环境中,各种生物之间存在的紧密联系,进而联想到自然中的污染、突发灾害等情况对食物链、食物网中的动物所造成的影响。学生意识到保护一种生物不再是简单为了这种生物的存活,更是为了保护更多的生物,保护我们的食物网,保护大自然的生态平衡。

　　从内容的内涵把握,到合理的活动设计,再到教师的精准指导,更多的年轻教师正向着理解科学的本质以及科学探究的本质前行。

　　诚如沈芳珠老师所说的那样:"几乎每件事情的乐趣都在于事前和事后的思考。"为促进学生思考而进行的教学,应借助儿童实践经验,建构在儿童科学概念的发展中,落实在教师教学技能的提高上。或许"做科学"的教与学是一条可行的道路,而教师指导学生学会"做科学"的前提是教师自己要学会"做科学"。

第四章
课例研究行动

本章梳理了青浦区小学科学团队以课例研究为载体的教研活动在设计与实施两方面的探索,突出了教研活动课程化的特点,强调了教研活动的循证意识。书中案例的陈述者都来自教学一线,通过他们的介绍,可以看到我们促进不同阶段教师成长的三步走做法,即"学中思,走研究之路;传帮带,做他人嫁衣;出声响,创特色品牌"。

第一节

以课例研究为载体的教研设计

一、教研活动需要课程架构

近年来,青浦区在探索教研转型中率先建设了学科教师研修基地。学科教师研修基地筛选区域内优势学科的实践经验,提炼并形成可以用于区域学科教师学习或者培训的资源;探索区学科教研员以及区学科优秀教师通过带团队来发挥骨干引领作用的方式与途径;深化教师进修学院中介功能提升的研究与实践,包括促进课程到课堂的理念落实、推动行动到反思的行为改进、引导实践到研究的经验提炼,以及建构促进课例研究、课堂改进、课程建设"三课"融合的专业支持体系。

学科教师研修基地以行动学习理论为指导,基于真实的教学现场,将"研训一体"作为基地培训改进的方向,着眼于精准把握学科逻辑知识主干和核心概念,构建"研训一体"的培训课程。

学科教师研修基地的运作方式是基于学校的临床学习模式。教师学习教学不是在模拟场景中进行,而是在真实场景中进行。培养教师的关键是让他们在实践中学习理论,将理论运用于实践中,在实践中学会教学。

小学自然学科聚焦学科关键问题,设计了一系列以课例研究为载体的教师研修课程。这样的课程设计使教师置身于共同的主题情境下,真实感受和体会主题研修活动对于自身和同伴专业成长的意义,逐步在分享研讨中体悟学科的价值和教学的特点。以下几个案例就源自我们的实践。

(一)教师喜欢怎样的研修课程

1. 通过问卷和访谈了解教师的真实起点

较难上的课是什么?无论是老教师还是新教师,都认为地球科学领域的课难上。到底有多难上?难上在哪里?我决定设计问卷,让事实来说话。

如问卷题一:请根据图4-1判断月相及其变化规律。

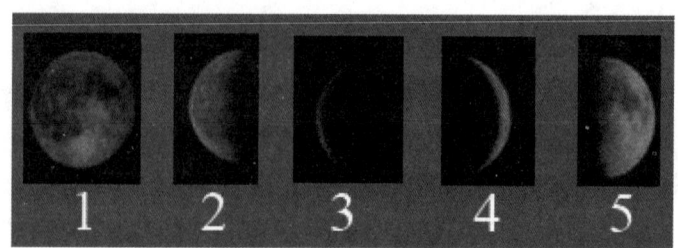

图 4-1 问卷题一

从回答情况看,32名教师中能正确对月相变化规律进行排序的仅有5人,正确率为16.00%。其中,能对3号月相进行正确判断的仅有9人,正确率为28.00%。

我进一步追问教师:"你知道上半夜能看到下弦月吗?你亲身观察并记录过月亮变化的过程吗?你在班级里组织学生对月亮变化的过程进行观察了吗?你在班级里带学生做过月相成因分析的模拟实验吗?同一主题的内容对二年级学生和四年级学生分别有什么样的要求?"

对月相相关内容的调查仅仅只是整个问卷中涉及教师学科知识的一个典型例子。通过对整张问卷调查结果的统计与分析,我们发现:教师在地球科学领域(自然学科还包含物质科学、生命科学两个领域)知识储备明显不足,不清楚各年级教学要求,难以针对教学内容设计学习活动,即使参考别人的设计进行了模拟实验,也因为缺乏有效的操作策略,难以让学生从实验中获得解释……

2. 确定研修课程框架,规划课程实施策略

通过调研中证据的收集、问题的梳理,我们知道了如何基于目标设计研修课程,于是就有了"地球科学领域之疑难内容实验设计与教学"研修课程。该课程共120课时,三个学期上完,将区域日常教研与学科教师研修基地的研修活动相结合。内容由案例学习和课例实践两大模块组成,强调做中学的过程,将理论学习、案例解析、互动体验、课例研究、反思讨论相结合。2013年4月,60多位教师分两个班级进入研修基地进行案例模块的学习。课程设计思考如表4-1所示。

表 4-1 课程设计思考

问题在哪里	课程内容设置
基本科学概念(核心概念、具体概念间的联系)不清晰	地球科学领域主干知识梳理

(续表)

问题在哪里	课程内容设置
基本技能不足（如实验设计能力不足）	地球科学领域常规实验设计
1. 有效教学方法与策略缺失（如不知道模拟什么、怎么模拟、怎么解释） 2. 思维深度不够	模拟实验的操作策略 解暗箱操作策略的运用 实验记录例谈 创新自制教学具的开发与应用 思考为什么研讨不起来

（二）怎样的研修方式能让教师有所体悟

1. 启动：厘清概念体系，梳理主干知识

我们发现，部分教师对于学科主干知识的梳理并不重视。梳理主干知识的过程是明晰核心概念以及具体概念间联系的重要过程。围绕核心概念的教学有利于学生头脑中知识树的构建。良好的知识结构不仅有利于知识的储存、提取和应用，而且有利于减轻学生的负担和提高学生的思维品质，能够促进学生认知能力的发展。学科课程标准以及韦钰院士在《科学的大概念及其科学学习的原则》一文中都明确提及围绕核心概念组织教学的重要性。看来，梳理主干知识是研修的第一课。

一份教师作业引起了我的注意，如图4-2所示。这是教师梳理的小学三年级"我们居住的地球"一课的主干知识。我隐隐产生了忧虑，岩石的成因究竟是内力作用还是外力作用？我请教师根据学科课程标准进行修改。修改后的概念图如图4-3所示。

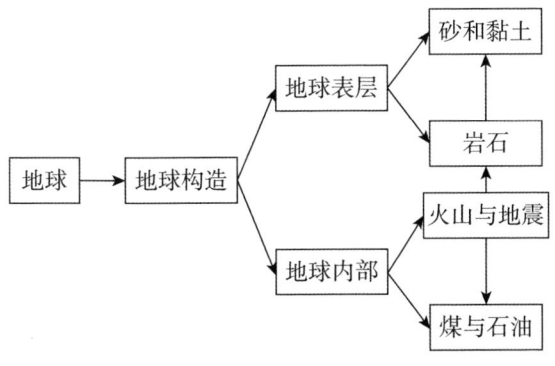

图4-2 教师最初梳理的概念图

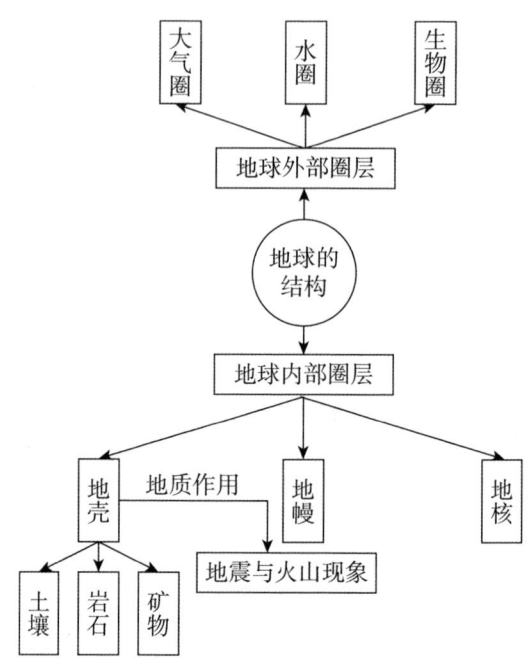

图 4-3 教师根据学科课程标准尝试修改的概念图

修改后的概念图能够初步反映主题内容之间的结构。为了进一步帮助教师理解概念之间的内在联系,我组织教师深入研讨,确定了三个分概念,即地球的表面形态、地球的内部结构与地球的变化。前两个是独立的分概念,而地球的变化是建立在前两个分概念基础上的,分为内力作用(地球的剧烈变化)和外力作用(地球的缓慢变化)。内力作用对地球造成的影响是建立在对地球内部构造的了解基础上的,而外力作用对地球造成的影响是建立在对地球表面形态的认识基础上的。与内力作用相比,外力作用更加复杂和多变,其中包括风化、侵蚀、搬运、堆积与沉积等。经过再次修改,有了图 4-4 这份概念图。

梳理主干知识旨在帮助教师正确把握教学内容的内涵。基于学生的学情设计高效的活动是接下来要思考的问题。

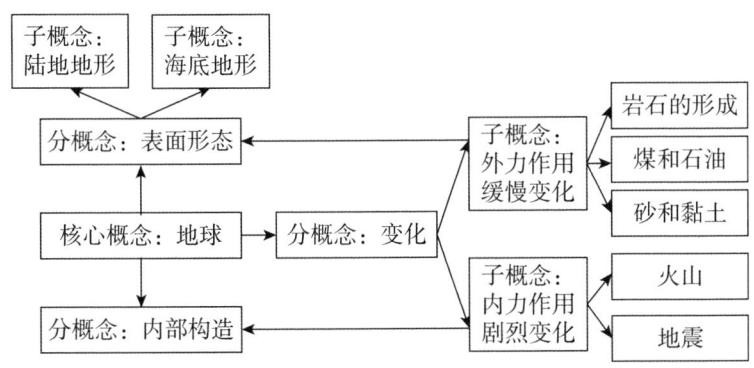

图 4-4 表示概念间联系的概念图

2. 卷入：教师也来当学生，在课堂中体悟，学习有效的教学方法与策略

每一张实验桌上都摆着一个不起眼的绿色盒子，盒盖上标注着"请不要打开盒盖"。幻灯片上写着：盒子里面有什么？用什么方法支持你的猜想？分组活动并做好过程性的记录。于是，课堂里的一群教师尝试着摇一摇、听一听、拿磁铁去碰一碰盒子……教师如孩子般好奇。体验活动引发了小组内、不同组间的交流与争论，促进了思维的碰撞。

不能打开的盒子里面到底有什么？王老师说："其实盒子里有什么、能否打开盒已不重要了，因为我们体验了在尝试中探索、在探索中尝试的过程。"年长的吕老师则说："很多事物都是无法被'打开'的，我们所能做的就是像这样不断去思考和尝试……"

这就是我带教师上的一节研修课"解暗箱操作策略的运用"。这是一个真实的研修场景，教师亲身体验学生的学习过程，基于学生的立场考虑他们的基础和困难，设计突破教学难点的学习活动。

3. 内化：从此课堂到彼课堂，做实课例；以微论坛方式交流体悟，筛选经验

像前面介绍的类似解暗箱的互动体验，让教师与学生角色互换只是开了一个头。要想将学习内化为教师自己的学科教学知识，关键是与真实的课堂对接。我们进行了一系列课例研究。课例研究强调"三关注两反思"的教师教学行为改进过程。教师参加课例研究组，分组带着观课点进行课堂观察并给出诊断和改进的意见。我启发教师思考以下几个问题：如何进行学生经验的调查？如何确定教学重点？如何基于教学难点突破来设计模拟实验并适时参与指导？如何梳理"建模"和"解暗箱"可操作的有效教学策略？

我希望教师梳理课例研究的收获，着重对得失进行分析，把课例研究中的体悟说出来，在微论坛上进行交流。

2013年4月，我们启动"四季形成"课例研究。2013年9月初，就"如何通过模拟建构概念"这一主题，我们组织了一次微论坛活动。XX小学A老师表示自己是通过自制教学具的改进过程来理解建模的，YY小学B老师结合自己参与课例实践与改进的过程阐述了教师在帮助学生进行解释过程中发挥的作用，ZZ小学的C老师则针对实验现象中的数据处理谈了自己在课例实践与改进中的思考。我希望教师在"四季形成"课例改进中进一步思考以下问题：为什么建模？怎样建模？如何进行解释？如何通过课内外结合的长周期探究实践活动实现突破？教师在学生建模过程中如何精准指导？微论坛中，教师还就如何在"扶"与"放"中正确把握探究的度提出了问题。

如何解决问题？教师先通过研修班中的案例模块课程学习来体验，再在真实的课堂中去实践并改进，最后通过微论坛说课例，启发更多的教师运用课例再反思。研修活动没有终点，一次微论坛活动结束又将开启一个新的课例研究，由此出发，研修活动进入一个又一个新循环。

在2013年度上海市教育学会中小学科学教育专业技术委员会组织的小学自然学科中青年教师课堂教学评比活动中，青浦区佳禾小学钱享栋老师和佳信学校张新娟老师去闵行区实验小学借班上课，分别执教了"探密地球内部"和"认识土壤"两节课，均获得一等奖。这两节课都是这一年教研活动中的阶段性研究成果。

在"探密地球内部"一课中，我们试图把"小学科学课中的批判性思维"主题作为课例研究的突破口，引导教师运用解暗箱操作策略组织教学活动。学生经历"猜想—假设—证据—解释"的逻辑推理过程，在获得相关的科学知识（地球内部的物质与地球内部的组成）的同时掌握探究方法。课堂上，师生把两个盒子作为探究的载体。盒子一有助于模拟钻探方式去分析地球内部的物质，感受直接取样的科学方法。盒子二有助于模拟探测地球内部的组成，首先，可以通过摇一摇、掂一掂、吸一吸等方法，猜想盒子里有什么；其次，在提出假设后，制作一个这样的盒子去与原来的盒子进行比较，寻求证据，合理分析；最后，将这样一种方式与科学家探测地球内部的方式进行比较，感受间接分析的科学方法。

解暗箱操作策略运用时有四个关键点。第一，创设情境，展示暗箱。地球内部不可知，好比一个暗箱。暗箱是一个只知其外部输入和输出，不知其内部结构的系统。我们一时无法直接观测到它的内部结构,只能从外部去间接认识,所以呈现两个暗箱给学生去尝试解开。第二,利用感知,猜测暗箱。利用可感知的外部构造特点及已有的知识和经验进行预测或假设性解释,引导学生有理有据地猜想,体现出猜想思维的逻辑性和缜密性,积极引导学生找准暗箱的突破口。第三,模拟验证,揭示暗箱。学生在利用感知去猜测暗箱的基础上,尝试根据暗箱输出的信息设计一个暗箱,运用模拟验证的方法。第四,总结运用,升华暗箱。引导学生运用所获得的知识与技能,解释生活中的现象,解决生活中的问题。

这是我们以课例研究为载体,引导教师运用建模和解暗箱操作策略之后得出的结论,为提炼学科新课堂经验提供了典型案例。

一年半时间里,微论坛活动进行了4次,参与交流的教师近20人次,很多教师发表了多篇论文。很多教师上传了一些优秀教学设计、课件等至区数字资源库,实现共享。2013年底,《一群自然教师的课例研究》《关注学的过程,创建学的课堂》两张数字光盘发表在倪闽景、王洁主编的《发生在校园里的故事》专辑中,部分研究成果还收录在上海市教科院王洁博士所著的《如何做课例研究》一书中。

4. 设计与反思:将研修活动课程化的几点想法

(1) 设计:制造认知冲突,帮助建立关系,支持自觉行动

我们参考上海市教科院王洁博士"制造认知冲突,帮助建立关系,支持自觉行动"的技术路线,在课程研修内容设计与实施中不断调整,借助问卷调查与访谈以及案例学习中的互动体验,以课例研究为载体聚焦课堂改进,分享交流与研讨。我们积极反思过去的行动,主动探究目前的问题,以建设性的方式透过经验进行学习。

研修的过程,不是指导者用理论去阐述,传授给教师一些基本技能和方法的过程,而是教师通过自身的探索和以研究为基础的行动,去质疑和反思已有的做法或经验,厘清一些观念,重组个人经验的过程。

这一过程不仅让教师得到了很多,也让指导者颇有收获。如果说这一过程,让教师能够反思习以为常的教学行为,积极寻找问题根源的话,那么下面三点大概是有关键作用的。

第一,创设了倾听全体学员真实需求的情境。调研促使指导者与教师能基于课堂中的真实问题进行讨论与交流。这种讨论与交流是在从混沌走向清晰的研修情境中进行的,是不断前行的过程。

第二,有一个从被卷入走向主动的研修过程。我们设计了一种能够调动全

体教师积极性和认知能力的活动案例和课例研究,把自主权交给教师,使他们能主动出击,或亲自实践,或参与观察和诊断。无论是实践者还是观察者,都在反思改进的过程中实现了对自己行为的修正。

第三,依据证据进行决策,改进教研的方式。决策是由证据推动的,问卷得出的结论是设计课程的基础,学科教研的高效源于正确的决策。依托学科教师研修基地,我们将以往的教研活动转型为基于课程的主题鲜明的研修过程。这一改变使得研修的目标更加具体可测,方法与过程也更加容易落实,并能够通过评价与反馈进行调整。

(2) 强调:课程实施过程中的缜密规划与行动提示

从启动调研,到课程设计,再到课程实施,教师先在研修课堂中学习并反思,再到真实的课堂中去实践并反思。我们的研修活动与以往的教研活动相比,逐渐有了系列化、课程化的雏形。教师个别化研修的特点也开始凸显。由于整个研修活动强调了课程化的特点,因此教师对自身参与研修的预期目标和行动过程也较为清晰。以教师走进真实课堂去实践并反思的一次课例研究为例进行说明。

① 课例研究初期

提前发布活动方案,包括活动前的准备、当日行动提示、个别教师会承担的特别任务。引导教师基于学生的立场去思考与发现(如,前文中教师如学生一样去先行体验学习),鼓励教师利用前测和访谈了解学生的原有经验;引导教师梳理并分享自己的经验(承担特别任务的教师将实践的过程告诉别人,着重对得失进行分析,为微论坛活动精心准备);引导教师借鉴别人的经验(提供相关学习资料给参加研修的全体教师,让他们带着自己的思考去筛选经验,建立联系)。

② 课例研究中期

明确成员的具体任务,教师参与观课诊断,获取更多事实信息并加以分析与处理,最后在对话中形成主要观点。提供观课指导意见(观课框架通常由核心组成员商量确定,核心组成员根据不同的课例确定观察人选);建立学习小组,小组内进一步明确分工(小组成员并不是固定不变的,组长也会时常变换),依据观课中的事实信息发布诊断报告,并与其他小组之间建立对话;结合具体内容,有时候会通过微论坛由承担经验梳理工作的教师分享经验。

③ 课例研究后期

鼓励反思,形成观点与指导意见。鼓励教师积极发布个人的观课随笔或诊断报告;组织核心组成员撰写课例报告;有时候,根据需要我们还会通过RTX小学自然网络教研组或者上海市"二期课改"互动平台进行跟进讨论。

（3）反思：教研活动课程化的现实意义

近年来，上海市提出教研工作要实现四个转型，即"从学科教学研究转向学科课程研究""从教学技巧的研究转向教学能力的研究""从零散问题的研究转向系列主题的研究""从关注个体研究转向面向全体研究"。这为我们通过设计课程开展教研活动提供了重要的理论依据。

① 教研活动是否需要课程化

青浦区针对"十二五"师训课程开发进行了一次调研。关于"您认为教研活动存在什么问题"的问卷反馈显示，多数教师认为"当前的教研活动和教师发展缺乏系统设计"。事实上，传统区域教研活动确实普遍存在缺乏课程意识、缺少教研活动课程化顶层设计和具体操作实践模块建构的现状。

② 教研活动课程化的内涵

教研活动课程化是指教研活动实施者基于教师发展需求，与教师合作开发的具有明确目标、适切内容、有序实施和恰当评价的教研活动课程行动。课程化的教研活动的基本要素包括课程目标、课程内容、课程实施方式、课程评价。课程目标决定课程的方向、内容及实施过程。课程内容针对课程目标进行分解，或将研究成果转化为课程内容，或基于教师专业发展的现状和需求设计。课程实施方式是指课程得以开展的载体，课程实施有赖于教师自己的实践研究。常用的课程实施方式有专题讲座、技能操作训练、课例研究、论坛交流等。课程评价具有诊断、激励、调控的功能，通过对学员的学习效果进行评价，促进教师不断反思与改进。

③ 教研活动课程化如何实行

我们的做法是开展需求调研，设计研修课程，申报研修课程，实施研修课程。其流程包括目标确定、内容设计、组织实施、效果评价四个环节。这些年青浦区依托区域网络平台，调研分析、课程培训、资源推送、课程评价等相关教研活动的效果初显。

上海市教科院胡庆芳博士总结提出教研活动课程化的流程：信息反馈先行，确立有意义的主题；预期要求紧跟，确立适切性的目标；行动方案落实，设计研究性的过程；总结评价在后，形成实践性的知识。这对我们探索教研活动课程化的研究具有借鉴意义。

我们青浦小学自然学科探索教研活动课程化的实践目前还处于起步阶段，还有许多有待完善和提高的地方。教研活动课程化是一项难度较高的专业挑战，还需要我们多角度细致深入理解，在实践中不断反思。

二、教研活动需要精准策划

2017年末,我参加了上海市基础教育教研员专业发展能力评选活动。这是展示上海市教研员教研能力的一次机会。这次比赛的笔试部分要求我们撰写教研活动策划案例,需要我们针对教研活动的实施效果确定评价的量规。整个过程用时四个小时,参赛者不准带任何参考资料进入比赛现场。

我冷静分析了题目要求,选择了之前开展的主题为"目标导向下的学生课堂活动设计与实施"的课例研究活动。下面的内容是在获奖之后,经过再次梳理成文的。内容撰写的框架是上海市教委教研室统一规定的,包括"活动的背景和针对的问题""活动主题和期望目标""设计活动内容和基本流程活动""评估和跟进设计"四个方面,且每个方面都有相关内容与要求的提示。分析这个框架,结合近年来参加的上海市教委教研室的一些项目研究,我切实感受到了规格、属性以及工具表等对教研员提升教研能力的帮助。把《目标导向下的学生课堂活动设计与实施——小学自然学科一次课例研究活动策划》这个案例放在这里,也是希望可以给更多教研员和研修活动策划者一些实践操作方面的启示。①

（一）活动背景和主要问题

1. 活动背景和主要问题的分析

近年来,上海市教委在全市推进"基于课程标准的教学与评价"工作,直面学科教学要求偏高,教学进程偏快,方法、能力、态度、习惯目标落实严重欠缺等现状。各学科都采取了适当放慢教学进度、适度降低知识要求、强化养成教育等重要措施。

2016年初,上海市小学自然学科启动《低年段基于课程标准的评价指南》编制研究工作。项目研究初始,青浦区曾进行过调研。以下为调研报告中的几项内容。

约半数教师基于课程标准的意识正在加强,从备课与上课两环节关注目标导向和评价的设计,经验可贵;就全体教师来说,从意识到行为跟进,仍有较大差异。有1/3的教师在备课中,能充分分析教学内容与学习任务,着重思考教学目标的科学性与适切性,精心设计探究问题,准备实验器材来达成目标。40.00%的教师在确定教学目标时,开始有意识围绕学习过程与效果设计操作性较强的

---

① 上海市教委教研室.初心树桃李——2017年度上海市青年教师教育教学研究课题评选成果集[M].上海:上海科技教育出版社,2017.

评价方案。从以往凭印象、感觉判断教学效果,到如今设计较为科学的评价方案对学生的学习效果进行诊断,这部分教师已迈出重要的一步。

教师对学科教学要求的理解参差不齐。部分教师过多依赖教材、凭个人经验上课,教学目标含糊、科学性及可操作性不强,重点不突出,教学设计不够合理,评价方式单一,导致教学出现偏离课程标准要求的现象。有的教师缺乏对课程核心价值的理解;有的教师将学生当作"容器",忽视必要的学习经历、良好学习习惯的养成和学习兴趣的激发,忽视解决问题的具体情境和需求。这样的教学必将阻碍学生的发展、科学素养的养成和能力的提升。

整体上,教师对评价的关注程度还不够。虽然教师的评价意识在加强,但实际操作中反映出来的问题也很突出。教师运用评价的诊断、激励与反馈功能促进学生学习和改进课堂教学的意识还不强,一些消极行为还屡屡发生。很多教师不知道如何设计课堂教学评价方案,不知道所设计的评价方案是否科学。

如何实现"基于课程标准、注重目标导向、实现评价融合"? 教师主动寻求专业支持的呼声强烈。小学自然学科需要探索解决问题的方法,需要直面困难与挑战。

2. 应对策略和活动主题的思考

"基于课程标准、注重目标导向、实现评价融合"就是要使课堂依据课程标准设计和实施,不要人为地拔高或降低要求,同时为教师专业成长提供巨大空间,促使教师在教学设计中思考标准、教学、评价的一致性。

2016年,上海市教委教研室《低年段基于课程标准的评价指南》编制研究项目正式启动,青浦瀚文小学作为其中的一所区县联动学校参与了该项目的研究。为了将此项工作落地,解决课堂中的实际问题,我们提出以课例研究为载体开展行动学习。这也是近年来青浦区小学自然学科探索课堂改进的重要抓手。

本次课例研究活动旨在进一步促使教师明白教学是具有明确目的性的活动,促使教师明白备课活动是一个整体性的系统工作,活动设计时既要知晓目标又要对学生的前期概念知识进行全盘思考,精心设计出目标性强、操作性强、符合学生求知需求的活动。同时,该活动希望增强教师重视过程性评价的意识,使之认识到有效评价可以激发学生的探究好奇心,保持学生的学习兴趣,培养学生的思考专注度,促进其可持续学力的发展。

(二) 活动主题和期望目标

1. 活动主题

本次课例研究活动主题为"目标导向下的学生课堂活动设计与实施"。

参加对象:青浦区小学自然学科教研员、瀚文小学自然学科教研组8位教师和瀚文片校际合作学校10位小学自然学科教师。

"目标导向下的学生课堂活动设计与实施"活动中,最重要的是,教师的设计思想要符合课程理念,教学目标源于课程标准,活动设计关注如何为实现教学目标服务,切实解决教什么、怎么教、如何实现教学过程最优化三大问题。之所以确定"目标导向下的学生课堂活动设计与实施"这一活动主题,是基于对瀚文小学自然学科教研组及瀚文片校际合作学校自然学科教师现状进行的分析。我们看到,在教学实践过程中有些教师能够基于标准、围绕目标设计活动与评价,开展新颖有趣的课堂活动,但是,有相当一部分教师存在四个问题。第一,在活动设计时未能准确把握科学概念,出现了核心概念模糊以及概念之间逻辑混乱的现象。第二,未能明确学生活动目标,造成活动目标与教学目标脱节。第三,活动设计与教学目标之间缺少连贯性,导致活动开展过程中逐渐失去目标性。第四,教学活动中缺少准确有效的评价,部分教师为了评价而评价,忽视过程性评价的作用与价值。

在《低年段基于课程标准的评价指南》编制研究过程中,我们主要承担"分享学习目标和实现指标"相关研究工作。本次课例研究作为对前期工作的一次实证研究,为进一步完善指南的编制提供了强有力的支持。

2. 期望目标

第一,通过课例研究活动,基于课程标准解读内容与要求,站在学生的立场进行目标初设与优化,设计可分享的学习目标和实现指标,提高学生学习的成效。

第二,通过课例研究逐渐形成用可靠的数据分析,用事实说话的标准,提高教师的实证研究能力和教学水平。

第三,通过联片教研组活动的展示,启发更多教研组精心设计教学活动,解决课堂真实问题,开展持续性校本研修或校际联合研修,提高团队合作意识。

(三)活动方式和基本流程

1. 活动方式

本次课例研究活动采用项目研究学习、课例研究展示以及专家点评相结合的方式进行。

课例研究过程中,组内教师根据自己的教学发展需求,选择课堂观察视角,尝试利用基于信息化平台的小学自然课堂教学总体观察评价表和专项量表进行观课,在课例研究中强调用事实和数据说话,采用行动教育的"事件—观察—现象—归因—对策"基本操作策略。

2. 基本流程

图4-5展示了本次课例研究活动的主要过程:确立主题—三次教学实践—三次研讨交流—总结提高。理论支撑:行动教育范式。行动支撑:团队合作研修。

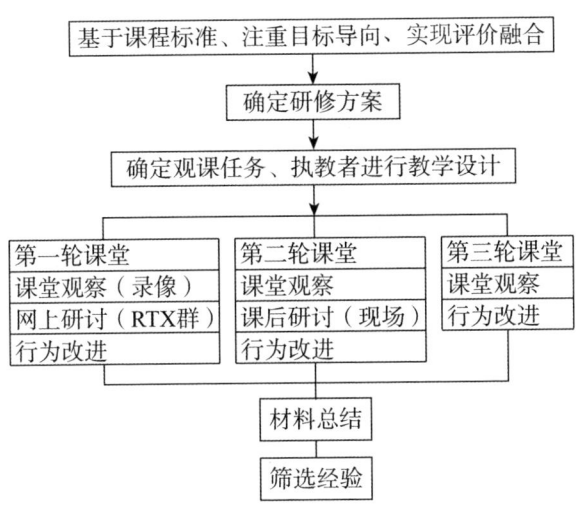

图4-5 课例研究活动基本流程图

(四)活动内容安排、课堂观察点与分工提示、活动资料整理提示

1. 活动内容安排(表4-2)

表4-2 活动内容安排表

时间	活动内容	预期目标	活动方式	关键词
3月下旬	1. 确定课例研究内容并制订计划 2. 前期准备、理论学习	确定研究主题和内容 落实活动地点及组织工作 了解课例研究与观察工具,做好前后测工作 学习指南编制相关的文件与精神,领会"分享学习目标和实现指标"的要义	面对面交流 在线讨论(课例组内)	活动的策划与准备

(续表)

时间	活动内容	预期目标	活动方式	关键词
4月6日	第一轮授课 1. 使用观察技术并研讨 2. 整理实录以及观察数据	对第一轮课形成问题诊断共识 形成第二轮课教学设计思路	面对面交流（课例组内）	全体做中学
4月11日	第二轮授课 （含经验教师介入） 1. 使用观察技术并研讨 2. 整理实录以及观察数据	对第二轮课形成问题诊断共识 形成第二轮课教学设计思路	面对面交流（课例组内）	
4月13日	第三轮授课 1. 使用观察技术并研讨 2. 整理实录以及观察数据	对第三轮课形成问题诊断共识 形成第三轮课改进梳理思路	面对面交流（区内公开展示分享）	
4月中下旬	梳理该课例研究对"目标导向下的学生课堂活动设计与实施"的启发	完成课例报告撰写，形成课例研究对"目标导向下的学生课堂活动设计与实施"的经验与建议	面对面交流 在线讨论（课例组内）	

2. 课堂观察点与分工提示（表4-3）

表4-3 课堂观察点与分工提示表

观课点	负责老师	思考方向
教学目标与活动的设计及其实施效果	徐老师、张老师 蔡老师	1. 教学目标的合理性、科学性 2. 活动设计是否有利于教学目标达成 3. 活动在课堂中的实施效果
评价的设计与实施效果	宁老师、沈老师 姚老师、陈老师	1. 评价的方式、时机 2. 评价对学生学习的促进效果 3. 评价表的设计是否合理
小组活动中学习单与材料的设计、使用及其效果	沈老师、顾老师 蒋老师、陆老师	1. 学习单的完成与交流情况 2. 实物材料和媒体材料的使用情况
提问与理答及课堂生成问题的处理	黄老师、朱老师 崔老师、游老师	1. 提问与理答的有效性 2. 课堂中生成问题的处理

(续表)

观课点	负责老师	思考方向
对学生分组活动的指导	徐老师、诸老师 陆老师、杜老师	1. 对学生活动指导的有效性 2. 指导的覆盖面 3. 针对学生个体差异进行的不同指导

3. 活动资料整理提示(表4－4)

表4－4　活动资料整理提示

序号	相关内容与提示
1	本次教研活动的文本资源(包括教学设计、论坛发言稿、活动信息发布稿、研讨活动过程记录等,文本及在线方式呈现)
2	学生自主学习评价工具(包括任务单、学生阅读资料、学习评价量表,在线方式呈现)
3	教师评课工具与活动评议工具(包括评课要求、课堂评价量表、活动评议要求、活动评议工具等,在线方式呈现)
4	教研活动数据汇总(参与活动教师名单、课堂教学评议数据、教研活动评议数据、网络教研数据等,在线方式呈现)

(五) 活动评估和跟进设计

1. 活动评估

本次活动采用现场与线上讨论相结合的方式。在引导全体教师就"目标导向下的学生课堂活动设计与实施"主题开展课例研究的过程中,我们要不断反思研修活动的成效,并将其记录于如表4－5所示的评价表中。在本次活动中,有五点值得深入思考。

(1) 研修主题是否"接地气"

研修主题要结合日常教学中出现的问题。只有让教师感受到这些问题的价值和可行性,才能激发和调动教师的内在动力,让他们主动卷入到研究活动中来。因此,我们要善于引导教师发现教学中"小、真、实、急"的问题,归纳共性问题,合理确定研修主题。

(2) 研修过程是否明确规范

围绕研修主题,研修活动有具体的活动方案、规划和流程。我们要借助"发现问题—编制方案—行动研究—反思总结"的基本流程,不断审视和分析教师在研修中的教学行为。

(3) 研修活动是否注重理论指导

任何实践都必须有理论支撑,因而研修活动必须注重理论指导。没有理论指导的教研活动,可能仅仅是经验的随机交流。每个教研员(包括教研组长)都要将相关的理念作为链接与导引,使教师教、研、学三者相结合,内化对教育理论的理解,并用其指引日常教学。

(4) 研修任务是否合理分工

合理分工是有效教研的保障,我们要帮助每位教师在观课中确定一个主要的关注视角,再辅以一定的技术支撑。多视角、全方位的课堂观察,可以让资源得到充分利用,使个体灵感与群体智慧相碰撞,互补融合,相得益彰。同时,在任务驱动下,我们应善于引导教师从观课的视角出发有针对性地学习相关理论知识。有了理论储备,教师评课才会有理有据。

(5) 现场线上是否形成联动

活动前期可以通过网上教研发布信息,提前让教师卷入主题学习。现场讨论,需要展示一个联片组的教研案例,需要让更多的区内教师发出声音,借助现代通信技术解决互动交流的问题。活动后进一步引导教师参与讨论。组织者需要进一步梳理观点与解决方法。

附:

表4-5 青浦区小学自然学科主题研修活动设计与实施评价表

评价内容	观察点	观察要素	评价分值(1至5分)
方案制定(20分)	主题确定	基于现状与需求,分析到位,找准关键,切入口准确	
	目标设定	行为主体、行为表现、行为条件、表现程度叙写清晰,建立关联	
	内容设计	围绕主题与目标,环节清晰,结构合理	
	路径策略	技术路线清晰,有问题导引,有工具量表,有操作提示	

(续表)

评价内容	观察点	观察要素	评价分值(1至5分)
活动实施(40分)	突出主题	呈现明确的主题,归纳和总结到位	
	任务布置	清晰、明了,兼顾活动前、活动中、活动后	
	方法策略	理论学习与实践操作有机融合	
	技术路线	依据既定路线展开,根据需要适时调整	
	资源利用	直观清晰,易于分析诊断	
	信息技术	线上线下相融合	
	目标达成	基于证据进行分析,学员满意度高	
	评价反思	基于评价量表和自我诊断	
参与表现(30分)	任务明确	明确分工,准备充分,完成既定工作	
	积极投入	情绪饱满,不游离,有创造表现	
	交流分享	敢于表达自己的观点,勇于质疑	
组织技能(10分)	组织协调	平等民主、清晰表达,有感染力;依据生成,适时调整	
	学术引领	理论扎实,观点鲜明,建议合理,善于引发思考	
合计得分		等第	
经验与反思:			

使用说明:本评价表,每一个观察点的分值为1至5分,按达成情况进行判断。

等第划分:59分及以下为须努力,60至79分为合格,80至89分为良好,90分及以上为优秀。

2. 跟进设计

小学自然学科如何引导教师以课程标准为指引,确定教学目标,开展教学活动和学习评价,是需要持续研究的课题。本次活动中,教师站在学生的立场,围绕"目标导向下的学生课堂活动设计与实施"进行了讨论,梳理出了一些基本观点与操作方法。

通过本次课例研究活动，教师对于学科主干知识梳理的重要性、如何分享学习目标和实现指标、如何基于实证设计教研活动有了更深刻的认识。

我们将进一步向全体教师强调"基于课程标准、注重目标导向、实现评价融合"的重要性，尽快为全体教师提供课例研究报告以便进行解读指导；组织多次现场交流活动以及在线研讨活动，帮助全体教师明确观点，厘清思路，解决实际教学问题。我们将用任务驱动的形式，力促全体教师开展实践与反思活动，收集更多案例以便分享。

第二节

以课例研究为载体的教研实施

一、小学自然学科分课型评价量表的开发[①]

2011年9月,我接到了上海市教委教研室重大科研项目"基于信息化平台的课堂教学评价"研究项目小学自然学科子项目的研究任务。这个项目的研究重点在于课堂观察与诊断,与我们之前做过的课例研究有很多相通之处。于是我牵头成立青浦区项目核心组,设计了观课量表、分课型评价量表。这个项目也让我和伙伴的科研能力有了很大的提高。我们不再拘泥于课堂中的细节,而是从整体上引导教师多思考如何依据课程标准,科学确定教学目标,准确把握教学内容,厘清内容之间的逻辑关系,基于学生的认知规律,设计精准的教学活动,切实提高学生的学习成效。

在该项研究中,评价是基于证据的价值判断,而不仅仅是基于个人经验的价值判断。评价的核心是抽样加推断。课堂教学的评价对象是课堂整体,即从教师言行、学生表现等方面综合判断教学本身的质量。课堂教学评价的最终目的不是给教师打分,而是对教学进行分析诊断,因此对话很重要。

（一）课堂教学评价基本理念与基本原则

1. 明确课堂教学评价基本理念

小学自然学科课堂教学评价以小学自然课程标准为依据,力求做到全面反映课程理念、课程目标及有关教学原则。把"以学生发展为本,以学论教,促进教师成长"作为课堂评价的基本理念。

2. 明确课堂教学评价基本原则

小学自然学科课堂教学必然同时促进学生与教师能力的提高。评价必须涉

[①] 子项目负责人为张敏,核心组成员包括徐林忠、陆志红、徐剑兰、沈丽萍、张定浩、郭冬梅、朱郁华等。本节为项目研究报告节选,陆志红老师参与了撰写工作。

及学生的"学"和教师的"教"两个方面,遵循五个基本原则。

第一,发展性原则。评价的宗旨是促进学生的发展。

第二,需求性原则。在开展课堂教学评价时,必须充分发挥教师的主观能动性,使课堂教学评价逐渐成为教师成长的内需。

第三,学科性原则。自然学科课堂教学评价指标体系,既要着眼于课堂教学的全过程,又要突出体现小学自然课堂教学不可缺少的基本要素,以利于在评价中进行有针对性的诊断。

第四,过程性原则。自然学科课堂教学评价要体现教师教学经验的发展过程和促进学生学习经验发展的过程,它不是以某一事件评定某一结果,而是强调整体性与过程性。

第五,可操作性原则。可操作性是实施评价的前提。

(二) 课型分类与基本依据

我们通过文献研究了解当前小学自然学科现有的课型分类方法。可以看到,小学自然课型依据不同的特点有多种分类方法,目前还难以统一。我们根据课程标准要求和教材特点对课型进行分类。从小学自然学科探究活动形式多样化的特点考虑,依据探究活动中组织形式的不同,我们提出将小学自然课划分为观察课、考察课、实验课三大类基本课型。

(三) 研修过程及证据分析

我们设想把课堂教学评价实施与检验置于嵌入式的研修中,这一路径采用了青浦实验的传统经验——"三关注两反思",课堂改进是永恒的主题。同一内容的实践可以通过指标来反映,以便于检测与比较改进的效果。

自项目组成立后,在多次讨论和协商后,我们形成了总体观察评价表。之后,我们采用课例研究的方式,邀请一部分听课教师在听课之后采用总体观察评价表进行评价。

1. 不同课型评价量表异同研究

通过对三类课型分类研究,我们注意到三类课型在操作模式上既有共同特征,又有些微差别,如图4-6所示。

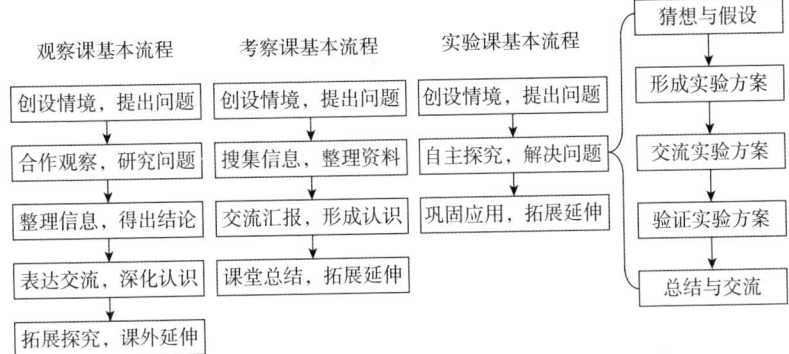

图 4-6 不同类型自然课的基本流程

要真正根据三类课型特点来确定二级指标也存在一定的难度。我们需要借助大量的文献考察与实践研究以逐步提高认识。

依据课型划分和基本依据的研究,我们针对不同课型的基本流程与模式等又分别开展了深入研究,力图体现不同课型之间的主要区别。我们力求二级指标保持一致,方便教师操作。表 4-6 列出了这些有差异的二级指标。差异主要体现在观测点和观察要素上。

表 4-6 三类课型有差异的二级指标一览表

指标		观察课		实验课		考察课	
	二级	观测点	观察要素	观测点	观察要素	观测点	观察要素
3 教学过程	3.1 自主	师生活动转换及学生自主活动用时	学生有足够观察、记录、交流的时间和空间	师生活动转换及学生自主活动用时	学生有足够进行实验方案设计与调整及实验操作的时间和空间	师生活动转换及学生自主活动用时	学生有足够整理考察资料,交流的时间和空间
	3.2 渐进	教学过程设计与实际教学环节	体现认知进程,问题的提出与结论的形成基于学生的生活经验与观察活动	教学过程设计与实际教学环节	体现认知进程,问题的提出与结论的形成基于学生的生活经验与实验活动	教学过程设计与实际教学环节	体现认知进程,问题的提出与结论的形成基于学生的生活经验与考察活动

(续表)

	二级	观测点	观察要素	观测点	观察要素	观测点	观察要素	观测点	观察要素
	3.3 启发	—	—	—	—	—	—	—	—
	3.4 生成	教师的理答、行为	处理观察、交流、展示活动中的生成问题时运用策略得当	教师的理答、行为	处理学生实验中遇到的困难或问题时运用策略得当	教师的理答、行为	对考察活动中生成问题的处理策略得当		
	3.5 资源	观察材料、媒体运用效果	观察材料选择体现结构性，合理运用现代教育技术	实验器材、实验效果、媒体运用效果	实验器材运用得当、有创新（注重生活中的材料），合理运用现代教育技术	媒体运用效果	为学生提供资料和数据采集的渠道，合理运用现代教育技术		
	3.6 评价	—	—	—	—	—	—	—	—
4 学习表现	4.1 参与	课前准备情况，课堂参与人数	课前准备是否充分；课堂上学生是否全员参与学习全过程	参与实验的人数	学生是否全员参与实验全过程（含设计、实施与交流）	课前准备情况，课堂参与人数	课前准备是否充分；课堂上学生是否全员参与学习全过程		
	4.2 合作	学生交往（言语、行为）	根据需要进行合作，观察全面	学生交往（言语、行为）	实验活动中分工明确，记录完整	学生交往（言语、行为）	根据需要与同学分工合作，并实现资源共享		
	4.3 情绪	—	—	—	—	—	—	—	—

(续表)

	二级	观测点	观察要素	观测点	观察要素	观测点	观察要素
5 学习质量	5.1 严谨	学生言语、行为、记录单表达	观察有序、记录周到、工具运用正确、注重客观事实，有质疑意识	学生言语、行为、记录单表达	方案精心设计，实验操作有序，注重实验中的客观事实，不随意涂写	学生言语、行为、记录单表达	从多角度进行考察，注重考察中的客观事实
	5.2 思维	学生言语表达	在观察中有所发现，对问题进行深入思考	学生言语表达	对实验中的现象和问题的思考较为深入，有质疑意识	学生言语表达	对收集的资料进行合理筛选，对问题进行深入思考
	5.3 成效	学生的言语、行为表达及作业等	观察能力获得提高，能对相关事物和现象进行解释	学生的言语、行为表达及作业等	实验能力获得提高，能对相关事物和现象进行解释	学生的言语、行为表达及作业等	考察能力获得提高，能对相关事物和现象进行解释

基于研究，我们发现教师在运用三类分项量表进行评价时出现了差异。这一方面告诉我们根据分课型特点设置分项量表是必要的；另一方面说明我们目前得到的结果还需要借助多次课例加以完善。

2. 评价指标群体个体差异性和一致性研究

(1) 评价指标群体个体差异性研究

采用总体观察评价表进行观课评价。了解同一张量表中，不同观课教师的评价差异，尽可能缩小量表带来的差异。如12位自然专职教师用总体观察评价表(第一稿)对"电路的控制"一课进行了评价。具体分值如图4-7所示。

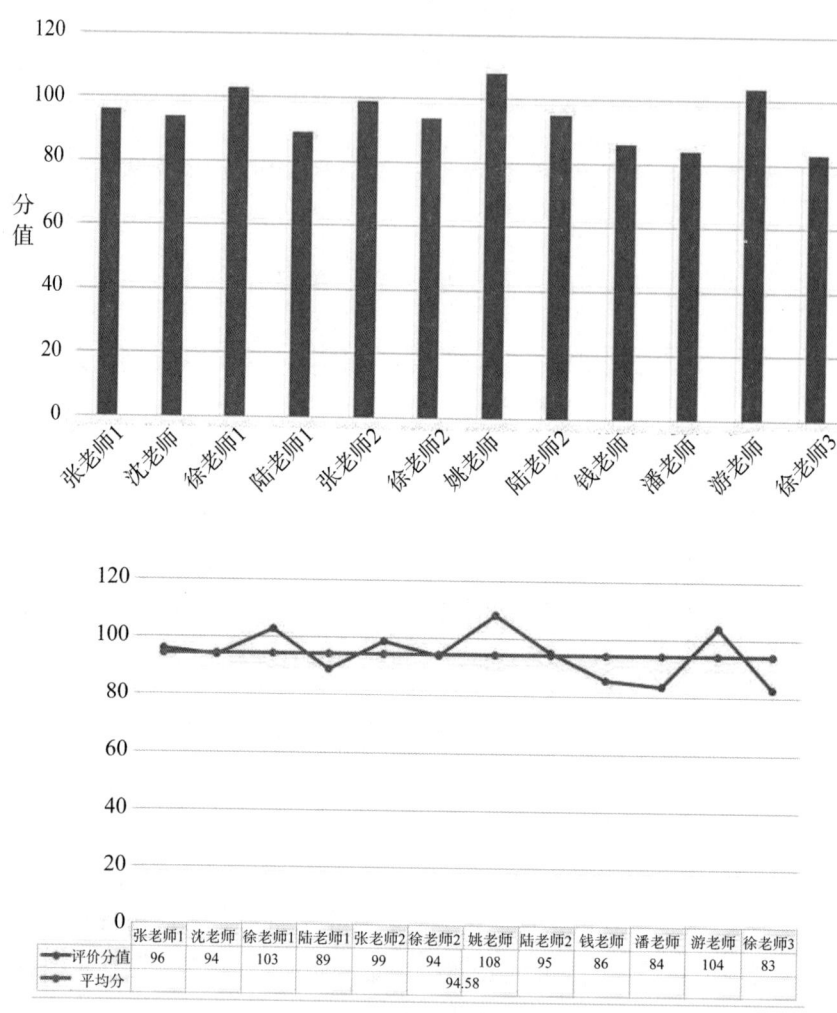

图 4-7 "电路的控制"课堂教学评价分值表(单位:分)

从图 4-7 中,我们可以清楚地了解到不同评价者给出的分值有较大的差异。从得出的标准差 8.05 来看,评价者群体一致性还有待提高。就前 7 位核心组成员来看,得出的标准差为 6.35。同样一节课,为何会有这么大的差异呢?

【原因分析】

第一,教师个体素质的差异。对教师的评价,应该考虑教师个体的因素。人与人之间肯定存在差异,如性别的差异、年龄的差异、学习背景的差异、发展潜力的差异、教学风格的差异、个人魅力的差异、乡村与城市的差异等。这12位教师,虽是同一个群体,却也存在着很大的差异。

第二,教学专业化方面素质的差异。就教龄来看,有刚入职的新教师,有教研员,也有工作了十几年的经验型教师。在教学专业化方面素质(如课堂驾驭能力、实践操作能力、语言表达能力、组织管理能力、创新灵活能力)上也存在很大的差异。

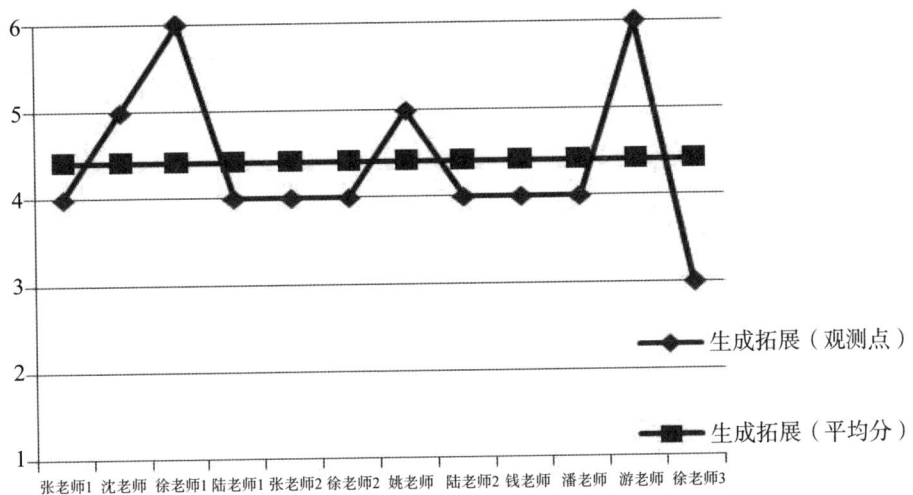

图4-8 严格型和宽松型教师单项分值统计(单位:分)

图4-8中的数据表明,有的教师相对来说,每一个单项分值都很高。在后来的交谈中,我们了解到他们把分值打得很高是出于对青年教师的鼓励和爱护,想给他们更多的信心和支持。而有的教师打分比较低,原因是他们不知道怎么去观课,更不知道这些分值的真正含义。

第三,对指标和观测点理解的差异。这次使用的量表,分为基础部分和拓展部分两个部分。基础部分有2个模块,5个一级指标,19个二级指标。拓展部分有2个模块,5个一级指标,7个二级指标。就这些指标中的几个指标而言,教师打分差异较大。

如图4-9所示,生成拓展指标单项分值为1至6分,平均分是4.42分,两位教师打了6分,一位教师打了3分,从单项分值来看差异很大。原因可能是教师对指标和观测点的理解有差异。

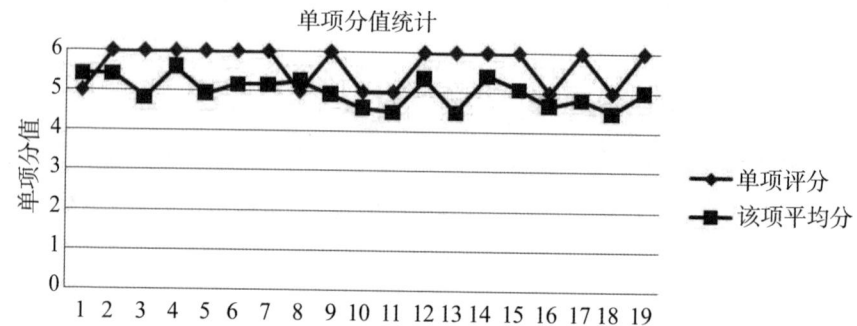

图4-9 生成拓展指标教师单项分值统计（单位：分）

【寻找策略】

策略一，修正二级指标和观察要素。第一次实践之后，项目核心组成员聚在一起，针对出现的问题进行讨论。针对单项指标差异太大的问题，我们对差异性较大的二级指标和观察要素进行了修正，如图4-10所示。

一级指标	二级指标	观察要素		一级指标	二级指标	观察要素
2 教学内容（0.2）	2.1 内容的选择	教学资源的整合有利于学生亲身经历探究过程，符合教学内容的特点和教学要求，符合科学性要求	→	2 教学内容（0.2）	2.1 一致性	教学资源的整合具有科学性和内在联系，与教学目标一致
	2.2 内容的组织	主要学习活动之间结构合理，具有严密的逻辑性和层次性			2.2 逻辑性	教学内容的呈现具有严密的逻辑性，主要教学活动之间结构严谨，层次分明
	2.3 内容的要求	教学内容的展开适合学生的经验范围和能力水平，能为学生提供开放的、积极思维的空间			2.3 连续性	教学内容的展开适合学生的经验范围和能力水平，能促进学生知识水平、思维能力、情感、态度、价值观的提升
	2.4 内容的呈现	从小学生观察、探究身边自然事物与现象的视角展开，以问题情境、活动的方式呈现，全面体现小学自然学科的特点				
4 学习质量（0.15）	4.3 体验过程	大胆猜测，就一个问题的结果进行多种假设和预测，善于设计并调整实验方案，收集证据，运用数据进行解释	→	4 学习质量（0.15）	4.3 概念形成	善于调整实验方案，收集证据，运用数据进行解释
	4.5 思维发展	独立思考，具有一定的严密性和逻辑性			4.5 思维发展	独立思考，具有一定的严密性和逻辑性
	4.6 素养提高	学生科学知识、科学探究能力、情感、态度、价值观等方面均有提高			4.6 情感态度	获得积极的情感、态度与正确的价值观

图4-10 "电路的控制"课堂教学评价表（修正前后对比）

策略二，对项目组教师进行培训。在完成对第一稿的修正之后，我们对项目组教师进行培训，让大家对这些一级指标和二级指标有更明确的认识，并修订完成了总体观察评价表(第二稿)。

（2）评价指标群体一致性研究

我们依然采用课例研究的方式，请了10位教师运用总体观察评价表（第二稿），针对这节课进行打分评价。其中，前7位教师是核心组主要成员，已经有了一次实践经历，而且也参与了二级指标和观察要素的修正。后3位教师是新加入的教师。

数据统计结果如图4-11所示，最高分为84分，最低分是73分，平均分是79.00分。得出的标准差是3.89。对前面7位项目核心组成员数据进行分析，得出的标准差是3.25。

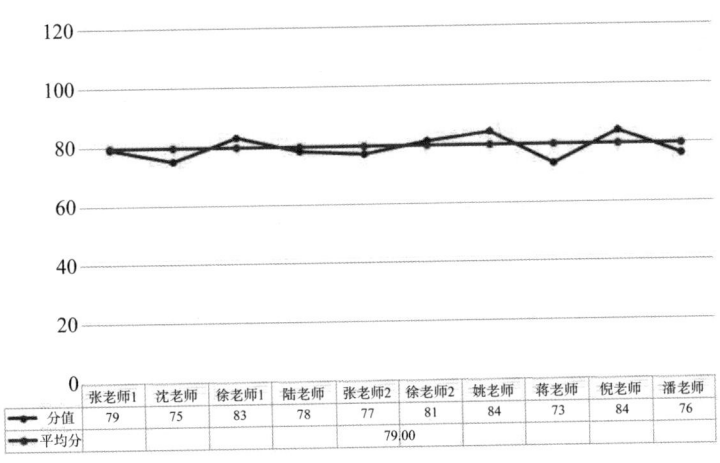

图4-11 "力的测量"课堂教学评价分值表（单位:分）

和第一次实践相比，这次标准差为4.61，相对于上次的8.05，缩小了很多。就前7位核心成员来看，得出的标准差也从上次的6.35缩小到了3.25。也就是说，教师群体的一致性有了提高，但差异还是有的。

【原因分析】

通过第二次的实践，我们发现，个体之间的差异性有所改善，特别是核心组成员之间差异的缩小很明显。我们在新课标中强调学生个体的发展和学生个体的潜能，关注学生积极主动的发展；而评价教师时，也应该基于教师个体的差异，促进教师个体积极主动的发展。只有承认个体差异，才能科学合理地评价不同的教师，真正发挥教师评价的功能。

对教师的评价差异主要表现在:(1)对教师评价的客观差异,如教师教学的地区差异性、教师教学的学校差异性、教师个体素质的差异性;(2)对教师评价的主观差异,如评价者或评价体系的差异、被评价的具体教学对象的差异、评价者动机的差异;(3)教师自我评价的差异。

因此,在对教师进行评价时,为了更公正、更合乎理性、更实事求是地落实贯彻好新课程,充分调动教师的积极性,促进教师专业发展,我们应该而且必须承认这种差异,分析它、研究它,真正达到评价的目的。

3. 评价量表的信度研究

对小学自然学科评价量表的信度开展研究,是为了了解采用同一方法对同一对象进行调查时问卷调查结果的稳定性和一致性,即测量工具(问卷或量表)能否稳定地测量所测的事物或变量。信度即可靠性,我们把信度定义为"测试结果的一致或稳定程度"。换句话说,有信度的评价量表应该在任何时间、任何地点通过测试都能得到相对一致的结果。我们通过对评价量表信度开展研究,进一步认证评价量表设计的科学性及合理性。

研究的样本:选择同一教师执教同一内容的三节课。教学内容:"温度与温度计"(牛津上海版),三节课均着力于"少教多学,鼓励挑战性学习"导向下的小学自然课堂改进。

我们从三个方面对实验课型评价量表进行信度研究。

(1) 不同人对同一节课进行的判断

参与课例研究的教师在使用总体观察评价表观课之后,使用分课型总体评价量表对三轮课进行了打分,每一次打分都放在集体讨论之前完成。这样也可以反映出每位教师的真实感受。那么使用分课型总体评价量表的结果又如何呢?能否说明我们量表的信度可靠?

我们对优青班的 8 位教师和 2 位核心组教师的评分进行了统计。统计结果如表 4-7 所示。

表 4-7 教师评分统计(单位:分)

教师 轮次	沈老师1	陈老师	金老师	王老师	沈老师2	宋老师	张老师1	林老师	张老师2	陆老师	平均分
第一轮	74	76	75	70	67	78	77	67	79	69	73.20
第二轮	69	73	79	65	66	83	75	70	68	69	71.70

(续表)

轮次 \ 教师	沈老师1	陈老师	金老师	王老师	沈老师2	宋老师	张老师1	林老师	张老师2	陆老师	平均分
第三轮	84	82	93	86	82	86	88	88	89	82	86.00

我们设计评价量表的目的是要衡量某种相对稳定的东西。评价量表的信度是指评价量表本身的可靠性,即同一份评价表在同一时间测试不同教师,测试结果应大体一致。三轮课的平均分印证了我们整体观课后的想法,所以我初步判断分课型总体评价量表的信度是基本可靠的。

从数据来看,第二轮课的平均分为71.70,得出的标准差为5.90。评价者之间的评分趋势基本一致,但是教师个体之间的实际差异决定了评价结果差异的客观存在。

(2) 同一人对不同课进行的判断

同一人对不同课进行的判断,其实也就是评价者信度的研究。评价者信度是指评价者两次或多次评估同张评价量表所得结果相对稳定的程度。也就是说,同张评价量表由同一个评价者前后几次评分或由几个评价者前后几次评分,如果结果基本一致,就取得了信度。

我们同样对优青班的8位教师和2位核心组教师的评分进行了统计。统计结果如图4-12所示。

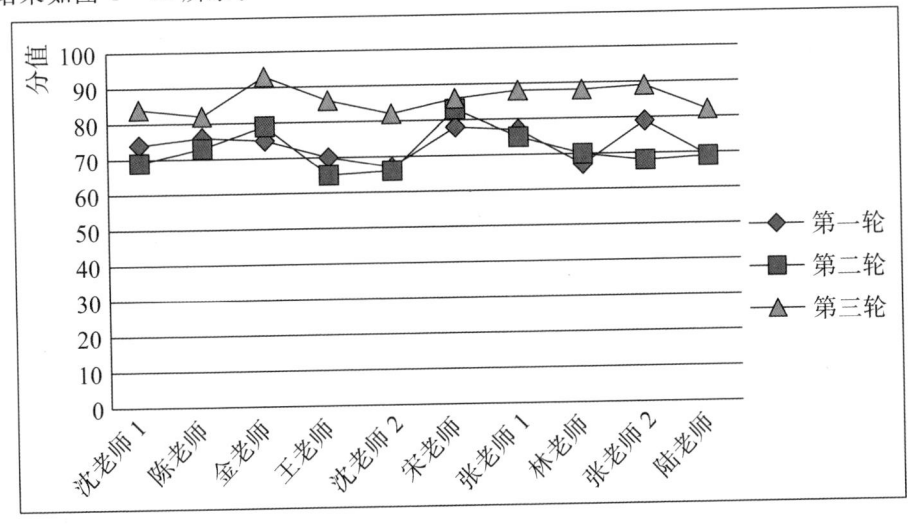

图4-12 "温度与温度计"三轮课评分统计图(单位:分)

我们纵向比较后,可以很明显地发现同一位教师对三轮课的评分趋势是基本一致的,如陆老师对三轮课的打分相对而言总体偏低,金老师对三轮课的打分相对而言总体偏高。我们不苛求一张评价量表三轮课测试之后,每次的结果都绝对一致,但几次测试结果不应该相差太大。我们发现,同一位教师对三轮课的评分趋势基本一致,但是也有个别教师对第二轮课与第一轮课的判断上有些微差异,这也是客观存在的。初步判断,评价量表的信度基本可靠。

（3）重测信度——不同时间对同一节课进行的判断(同一轮课,现场和录像打分,横向、纵向分析）

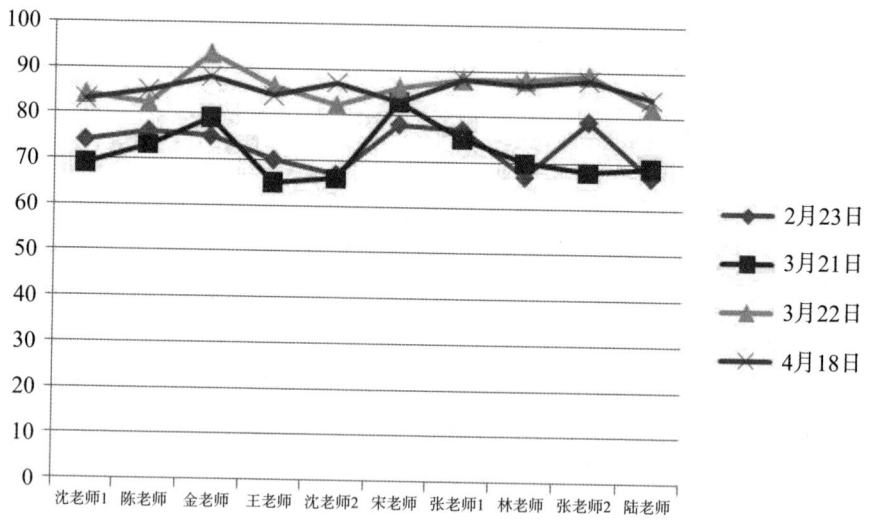

图 4 – 13　重测课堂教学评价分值表(单位:分)

为进一步证实评价量表的信度,在第三轮观课之后,优青班学员开始着手撰写课例,他们在此期间多次利用录像观课,进行纵向的比较。我们把这一轮课的打分和前三次的打分进行比对。从图 4 – 13 中可以看出,同一节课,教师前后两次打分的情况基本一致。原因可能来自多个方面,如教师对于课程标准与教学内容的理解在不断深入,教师对于如何体现以学定教的理念的认识也在加深。这可以从学员撰写的课例中清晰看到。同时我们也听取了教师的意见。他们说现场观课时会忽视一些细节,造成某些指标的模糊判断,录像观课有利于部分指标的反复比对,得出的结论更客观。这告诉我们,反复研究同一问题,认识可以逐步得到提高。但是,由于借助录像观课,某些针对学生学习的指标就会受到影响,比如学生在小组中的真实状态、学生的情绪等感受不到,从而导致某些指标的判断结果有差异。我们认为两者结合,可在一定程度上得出更为合理、科学的评价。

(4) 结论与思考

通过三个方面的研究,我们可以初步判断,实验课型评价量表的信度较好。但在整个评价过程中,也会出现很多差异。主要影响因素有三个。

第一,评价者的因素。评价者个体的差异,如教师的教龄不一样,能力参差不齐。有工作几十年的经验型教师,有刚入职的新教师,有的教师善于实验型教学设计,有的教师善于长周期探究活动的开展。教师个体的差异必然会引起评分的差异,所以我们要客观对待这种差异。

第二,评价的动机。参加评价的教师的评价动机不一样。有的教师内驱力可能小,并没有做课前准备工作,上课前才匆忙了解上课内容。而有的教师内驱力可能大,会利用一切学习机会,进行经验的移植,主动进行教学设计,提前做好预案。评价者在前后两次评价中的动机和动力不同,在前后两次评价的过程中分数就不同,这也会使信度不高。

第三,评价的次数。一般来说,评价次数越多,信度值越高。

在量表设计、实施的过程中,许多主观因素和客观因素或多或少会影响到评价的信度。但是,只要我们采取积极审慎的态度,提早预料并避免在评价之前和评价过程中出现的诸多问题,就能够确保评价量表的正常作用,从而更科学合理地评价每一节课。

4. 初步的观点

(1) 提高教师对课堂教学评价目的和意义的认识

开展课堂教学评价,旨在促进教师学习教育理论,深入钻研课程标准、教材;旨在调动教师教研教改的积极性,推动大面积的教学方法的改革;旨在通过较为科学的诊断,获得改进教学的依据和指导课堂教学的良方,进而大面积提高教学质量。这是从根本上保证评价有效开展的前提。一份再好的评价标准,如果没有使用者深入理解和领会,也不能发挥其作用。

(2) 遵循客观性、科学性、实用性原则

标准的制定,必须符合课堂教学的客观实际,必须有一个客观的、现实的、可能的达成度。同时,评价指标的确定、各指标得分比例的划分、各层次的界定、各因素的组合都应该有科学依据,有科学理论作指导,力求达到理性的高度,也就是说,必须具有科学性。评价标准的内容与要求表述要简洁清晰;评价方法要力求简便易行。

(3) 定性评价与定量评价相结合

定性评价常常带有主观随意性。定量评价因侧重事实证据的收集,在一定程度上增加了解释的说服力。因此,评价的相对主观性(定性)和评价的相对客观性(定量)的结合显得尤其重要。我们在制定评价标准的时候必须要从两个方面综合考量。

二、指标导引,打开课堂的嵌入式研修

2012年9月,历经一年的深入研究,上海市基于信息化课堂教学评价研究网上操作系统开始启用。下面以"热的传递——由热变冷"一课为例,说明我们如何借助这个信息化平台的评价系统与功能,通过一些可观测的指标尝试开展课堂的嵌入式研修,又如何通过嵌入式研修帮助教师理解与把握一些不可观测的指标所指向的内涵,引导教师专业成长。

(一) 可观测指标在嵌入式研修中如何发挥引领作用

2012年12月27日下午,项目组成员观察了青浦区庆华小学张定浩老师执教的小学二年级"热的传递——由热变冷"研讨课,我们使用第五稿的总体观察评价表进行课堂观察。课后教师在课堂教学评价平台上进行诊断并发表了改进意见与建议。我们通过分析教师给出的判断与评析,了解实验课型评价指标的制定是否合理,观测点和观察要素是否清晰,能否实现同伴间的互助以及专业的引领。

1. 问题的呈现

在课堂教学评价平台上,我们看到了执教者张老师的困惑:"本节课中有一个问题,即实验数据处理。我承认我还是有点不太会操作,不知道如何分析、利用学生的实验数据,我习惯性地帮学生做了他们应该做的事情。至今我对让学生自己去分析处理一些看似简单易懂的数据究竟存在什么意义,仍然是困惑的。"

2. 依据指标的初步判断

关于实验数据处理的问题,与之对应的指标中有些什么样的提示与要求?教师通过观课给出的判断是否一致?又提出了哪些合理的意见与建议?分课型

总体评价量表(实验课)如表 4-8 所示。

表 4-8　分课型总体评价量表(实验课)节选一

模块	一级指标	二级指标	观测点	判断
课程水平	1.3 教学过程	1.3.3 证据	实验记录单	实事求是地记录下实验数据和现象，概念的得出基于实验数据
		1.3.4 生成	生成问题和师生采取的应对策略	科学处理实验活动和交流中的不和谐数据和现象

表 4-9　参与本次评价的 18 位教师的判断统计(单位:分)

指标	T1	T2	T3	T4	T5	T6	T7	T8	T9	T10	T11	T12	T13	T14	T15	T16	T17	T18	平均分
证据	5	4	4	3	4	4	5	4	5	4	4	4	4	4	5	4	3	4	4.17
生成	3	3	3	2	3	4	3	4	4	4	4	3	4	4	3	4	3	3	3.44

如表 4-9 所示，二级指标"证据"一项，综合得分 4.17 分，学生实事求是地记录下实验数据和现象，概念的得出也是基于实验数据(学生在实验中观察到的温度变化的数据)。"生成"一项，共 18 位教师参与了评价，大家的判断比较一致，平均分仅为 3.44 分。可见，在实验数据处理的方法上，课堂出现的问题也是显而易见的。平台上有一位教师的评析也代表了多数教师的意见："在观察活动中，有一组学生汇报的初始温度是有问题的。当出现这样不和谐的数据时，教师并没有帮助学生去分析出现这个问题的原因，而是粗暴地制止了学生的汇报，简单告诉学生他们的数据有问题，失去了一个极好的教育机会。"

学生实验数据处理方式存在问题，对于教师来说有什么意义？如果仅是简单判断，显然意义不大。我们试图帮助张老师一起在平台上寻找答案。

3. 在概括性评语中寻找改进方法

18 位教师中有 10 位教师都关注了"生成"这一重要指标，并积极回应。我们选取了几位教师的发言。

师 1(区骨干教师)：张老师请了 3 个小组交流。其中，第 2 组的数据(组长报出的一组数据为 42、51)和教师预想的内容发生了冲突。教师的处理方法是在学生报出错误数据后制止了学生后面数据的汇报，并不停地分析这组数据出现问题的原因可能是什么。其实,这组数据是一个重要的教育资源。我认为可以分几个层次分析这组数据。第一步,请学生依据自己的实验经历分析这些数据,发现第2组数据可能出现了问题。第二步,请学生分析其他小组比较科学的数据,发现"大烧杯中水的温度越来越低,小滴瓶中水的温度越来越高"这个现象,让学生继续思考造成这种现象的原因可能是什么,训练学生的思维。第三步,分析这组数据产生的原因可能是什么并纠错。这应该是思维水平的更高一层了。第四步,学生预想"这两杯水一直放着,最后可能会出现什么情况"。根据自己的实验分析再进行预测,学生是有实践基础的。进行预测是一个很好的思维提升方法。预测是有思维、有想法的,并不是凭空猜想的。我觉得这样的一个信息处理是有层次的,是有学生思维参与和提升的,也是一个真正的探究过程。这样的处理,不仅是小组单独的分析,而且是小组和小组之间的信息交流和分析。

师2(区骨干教师):教师要善于抓住契机,有效分析实验数据。张老师在处理学生测得大烧杯水和小滴瓶水的温度变化的数据时有点急躁。当有一个组报出大烧杯的数据"42、51"时,张老师一听不对劲,就赶紧追问全班学生"这两个数据有什么问题?大家觉得温度应该怎样"。全班学生无应答。如果这时候张老师能耐心地等他们把这组数据全部报完,让他们对照其他组的数据曲线图来分析,我想学生一定能发现大烧杯水的温度有一个逐渐下降的趋势。随后再引导学生观察小滴瓶水的温度的数据曲线图,学生就会了解到它在逐渐上升,到最后两者的温度一致。最后引导学生思考"大烧杯的热量哪里去了,小烧杯的温度怎么会上升"。我想,有了这样一个细致分析的过程,目标的达成度一定会更高。

师3(经验教师):整个实验活动学生投入有序。学生实事求是地记录下了实验数据。在分析数据时教师操之过急,提的问题太大(直接问这个现象的产生原因),对于二年级的学生来说太难了。在这里我建议:(1)让学生用曲线表描述数据;(2)问学生从曲线表中发现了什么;(3)小滴瓶里水的温度升高,大烧杯里水的温度降低,让学生思考可能的原因是什么。这样学生自然会得出热从高温物体传递给低温物体的结论。另外总的实验时间太长了,6分钟后小滴瓶出现了降温现象。

4. 改进策略的提炼

于是,针对教师的发言,核心组成员决定和张老师一起提炼处理实验数据问题的有效策略。

显然，对于实验数据存在价值的讨论，教师给出了明确的答案：数据背后原因的分析不能由教师包办代替。在充分了解学生认知特点的基础上，需要给学生搭建思维的脚手架，组织有效的交流活动。第一步，呈现数据。把各组数据呈现出来，而不仅仅只是2、3组数据。第二步，寻找规律。分别找出大烧杯中水的温度和小滴瓶中水的温度变化的规律。第三步，纠错质疑。在找出规律的同时让学生观察数据，思考第二组的初始温度42℃是不是存在问题，是否在读数的时候误把52看成42了。第四步，分析原因。想一想小滴瓶中水的温度上升，大烧杯中水的温度下降了，造成这种变化的原因可能是什么，确认小滴瓶获得了大烧杯中的热量。第五步，推测变化趋势，再次观测。到第五步这里还没有结束，先让学生猜猜一段时间后温度可能产生什么变化，并试着说说自己的理由，然后让学生再来看看，过了一段时间之后，温度发生了什么变化，再次思考小滴瓶、大烧杯中的水温都下降了，可能的原因是什么。这就和教室的温度发生了联系。第六步，列举生活中的相关例子并引发对保温现象的新思考。

5. 改进过程中的启示

如果只是把概念直接告诉学生，他们头脑中固有的想法是难以改变的。从对学生的前测以及《儿童的科学前概念》一书中，我们不难发现，对于热和温度学生理解起来如此困难，是因为他们的很多生活经验和这些概念是相悖的，他们很难理解包在棉被中的冰棒不容易融化。这恰恰告诉我们，思维提升是科学课教学中最重要的地方，是科学探究的必经之路，教师的作用则是提供踏脚石，帮助学生在观察、比较中寻找规律，并试着分析原因。

"通过比较发现变化的规律，分析分歧数据是提高思维的有效契机。"这是教师在平台中的发言。该如何处理？其一、其二、其三，教师说得明明白白。显然教师不再只是给出一个判断，而是在进行对话。对话可以有不同的声音，可以让教师选择性地去实践并检验。这既是真实课堂观察记录过程中的发现，也是对我们确定的量表指标的检验。

在项目研究过程中，我们一直倡导这样一种打开课堂的嵌入式的研修方式。"三关注两反思"的课例研究是青浦实验的宝贵经验，是教师在职教育的行动教育新范式。观评课是这个过程的必经之路。而制定评价指标，确定有效的观测点，借助有效的观课工具，用事实与证据对话是前提条件。

我们也感觉到了基于证据的对话在促进教师专业发展中起到的积极影响。

平台上,执教者张老师说:"哈哈!先笑一下,算是自嘲,也是一种愉悦。自嘲的原因是课上得确实不如人意。课后得到的评价是,我问了太多为什么。我说笑也是一种愉悦,是因为我在自然组内上课毫无压力。能把一个东西呈现给大家讨论,我就很开心了。这个课到底该怎么上?我还是希望看到很多老师给我的建议。"

我们为教师创设了一个安全的、可信任的、允许犯错的环境。围绕课堂观察和评价,我们在过程中将教师"教"的过程与学生"学"的过程以及情感、态度等不可观察的因素等都看成重要资源,给出恰当的评价及改进的建议。若这样一种化被动为主动的教学评价受到教师的欢迎,便能使自然教师主动开放课堂,不再受困于有教无研、有教难研的尴尬状态。

6.可观测指标与有效评价紧密相关

在这个例子中我们不难发现,可观测指标与有效评价之间存在着紧密联系。我们在实验课型的一级指标"教学过程"中确定了6个二级指标,在"证据"和"生成"指标中分别提示了观测点是"记录单"和"生成问题以及师生的处理策略"。由于提示了相关观测点,教师特别关注了学生记录单,其中一位教师还把12个组的记录单进行了有效的整理,如表4-10所示。由于平台发布信息的字数有限制,她不得不把这一组数据发布在我们的教研组群内。此处我们的呈现是为了说明可观测指标与有效评价之间联系的紧密程度。这也同时说明了在总体观察评价表中我们提示观课教师重视学生记录单、关注教学过程中"生成问题处理"以及"学生错误处理"是必要的。

表4-10 记录单信息统计表(单位:℃)

实验组号	容器	刚开始的温度	2分钟时	4分钟时	6分钟时
大烧杯	1	42.00	51.00	49.00	47.00
	2	60.00	53.00	49.00	46.00
	3	52.00	49.00	46.00	42.00
	4	58.10	51.20	49.00	45.10
	5	53.00	50.10	48.00	45.10
	6	56.00	50.10	47.10	45.00

(续表)

实验组号	容器	刚开始的温度	2分钟时	4分钟时	6分钟时
大烧杯	7	50.60	49.00	46.50	43.00
	8	52.00	48.00	46.00	45.00
	9	50.08	50.00	48.00	46.00
	10	59.00	52.00	48.20	43.00
	11	60.00	53.00	47.00	46.00
	12	57.00	51.00	49.00	47.00
小滴瓶	1	11.00	33.00	45.00	46.00
	2	10.00	33.00	45.00	48.00
	3	10.00	36.00	43.00	44.00
	4	9.90	35.00	44.10	45.30
	5	10.00	30.50	43.00	44.00
	6	10.70	34.10	42.00	43.00
	7	10.00	30.90	40.30	40.30
	8	10.00	40.00	44.00	45.00
	9	10.00	30.50	43.00	45.00
	10	10.00	33.00	41.00	44.00
	11	10.00	39.00	44.00	45.00
	12	11.00	38.00	41.00	42.00

（二）不可观测指标如何通过嵌入式研修促进教师的理解与把握

上面的例子说明了实验课中的"证据"和"生成"指标是比较容易观测的。有一些指标（如"教学内容整体性"）是较难观测的。这一问题怎样解决？

一方面我们需要完善观测点与观察要素的提示；另一方面我们需要帮助教师去理解指标的内涵。事实上，我们认为课堂教学评价本身就具有导向的功能。我们要系统观察，而不是散漫地看看课堂，让教师对于好课的标准有具体的认识。因此研和修的结合非常必要。

下面仍旧以"加热与保温"单元主题研修为例分析我们怎样通过嵌入式的研修帮助教师理解不可观测指标的内涵。分课型总体评价量表如表4-11所示。

表4-11 分课型总体评价量表(实验课)节选二

模块	一级指标	二级指标	观测	判断
课程水平	1.2 教学内容	1.2.1 整体性	分析教学内容(核心概念与具体概念)之间的联系	具有主题设计的内容处理意识,概念正确,符合学科逻辑结构
		1.2.2 科学性	教学活动的环节安排	符合学生的认知与技能水平,契合学生的思维过程
		1.2.3 合理性	教学时间分配,教学重点、难点的处理方式	时间分配正确,教学重点突出,教学难点突破

1. 研修过程简介

"热现象"是小学自然第一阶段的学习主题,就牛津上海版教材而言,能量、温度、加热、保温这些概念分布在四册中。统整这些内容,理解核心概念在其中的重要性,正确把握内容和内容之间的联系,是我们在组织教师开展"加热与保温"单元整体设计主题研修的出发点。

三次实践,涉及五位教师。"热的传递——由热到冷"这一节课的教学引发了教师对于热现象概念教学的思考。教师对这节课的总体评价,如表4-12所示。

表4-12 教师对这节课的总体评价(单位:分)

模块	原始分(平均分)	百分制得分(平均分)
1.课程水平(基础)	4.10	82.00
2.学生学习(拓展)	4.17	83.40
3.教师素养(拓展)	4.11	82.20
4.课堂文化(拓展)	4.39	87.80
综合得分	4.14	82.80

显然,从总体评价来看,这节课称不上好课,但它却引发了参与者对教学内容内涵的思考。从学生的认知过程来看,牛津上海版教材现有教学内容编排是否需要调整?这个答案,可谓仁者见仁,智者见智。

2. 两种声音相互碰撞

在这个过程中,参与实践的张老师不断思考如何把一组组的概念融合成一个个有序列的整体。他的主题设计打破了原有的教材编排顺序。这样大胆的处理,使我们听到了两种截然不同的声音。有的年轻教师索性在教学内容的指标项中打了2分,并这样直率地表达:"'热的传递——由热变冷'这个内容不符合小学二年级学生的认知水平,有点拔苗助长的感觉。"

在质疑声中我们也听到了另一种声音:"听了张老师对本课教学内容和主题设计的介绍,我觉得张老师对这一单元教学内容有自己独特的见解。张老师把由热变冷、温度计和保温之间缺失的内容借助'热的传递——由热变冷'弥补进主题单元'加热和保温'。这更符合学生的认知规律,有助于加深学生对保温的理解。"

持肯定态度的教师还补充了其他意见:"在整个教学活动中,张老师能设计各种体验活动让学生初步感知物体间热的传递。让学生通过测量大烧杯和小滴瓶内水的温度来感知物体间热的传递,这个实验我觉得非常好,不仅材料简单易于操作,而且实验现象比较明显,有助于学生通过观察、记录、分析和交流提高学习能力。在小组活动中,我发现有的学生能认真观察和记录,有的则闲着,分工不是很明确。在实验过程中大烧杯内壁有许多水雾,由于小滴瓶中水的温度较低,具体温度在泡沫板下面不易观察到,还应进一步改进,同时应加强对数据的分析。对于小学二年级的学生要求不能太高,我想这个活动学生能够记录并发现水温的变化就算达到基本目标要求了,至于热的传递可以通过后面更多的体验活动让学生来感受。"

3. 借助学习的力量避免盲目

事实上,我们渴望听到教师的质疑,因为这些质疑可以促使教师为解决问题而主动学习,借助学习的力量避免盲目。无疑,这一次的评价过程对教师的研修发挥了积极作用。为了解决问题,我们向全体教师提供了上海科学教育技术出版社出版的《小学自然》全套教材(电子书),以及《孩子们理解的科学概念》《儿童的科学前概念》《儿童早期的科学探究》等相关书本与电子阅读材料,引导教师深入理解课程标准,主动比较不同教材的编排顺序并理解其意图。案例撰写过程中,我们规划了下一阶段集体讨论与课堂改进的内容。实践、反思与学习是研修活动中的关键词。

4. 发挥桥梁与中介的引领作用

在这样一种嵌入式的研修中，教研员要发挥桥梁与中介的作用。于是在教师积极的讨论中，教研员在课堂教学评价平台上发出了这样一种声音："在加热和保暖的概念形成中，有什么知识和技能需要学生提前学习作为基础。温度与温度计的学习，是不是可以前置？如果需要，放在什么情境下学习？是不是和天气的变化、气温的测量有密切联系？在学习加热与保温的内容时，有一个版本的教材是这样编排的，由冷变热—加热带来的变化—怎样保温。对于由冷变热这一内容，该教材引导学生讨论用哪些方法可以让冷水变为热水（如用蜡烛加热、用电水壶加热、用微波炉加热、用太阳能热水器加热）并询问这一过程是如何实现的。在保温之前，我们是不是可以让学生体验由热到冷这样一个过程？"

我们有理由相信，当基于实证的课堂观察与诊断促使这些声音碰撞时，教师对于教学内容内涵的理解正在深入。可喜的是，一个学习型的团队正在建立，嵌入式的研修对于教师专业成长发挥了积极作用。

5. 倾听年轻教师在过程中的体会

我们再来看看作为职初教师的学员参与评价的收获。需要说明的是，由于职初教师没有账号，他们的感悟不能发布在课堂教学评价平台上。由于平台试运行设置的单向性，教师相互之间看不到交流的内容。自然组的解决办法是通过 RTX 青浦教育自然教研组群由活动创建者把评析第一时间转发给全体教师。

职初教师1：这是我听的有关"加热与保温"的第五节课了。学生有了困难，教师要思考问题出在哪里？首先，张老师用猜手里握了什么东西的情境来激发学生兴趣，但是这与之后要求学生做的第一个实验之间似乎没有关联，导致学生对实验目的并不是很清楚。大多数学生可能处于一种"虽然在做，却不知道自己为什么做"的状态中。其次，张老师把数据图展现在学生面前，有一件事是可以放手让学生做的，即张老师所说的找规律，相信这对学生来说并不难，最后如果学生找不到，那张老师可以点明。最后，张老师在这一活动中问了学生一个问题"大家猜一下在8分钟的时候会怎样"，对于这个问题，我有一些疑惑。学生回答得很好，认为空气会吸热。但提出这个问题的目的是什么？或者再多给学生两分钟的时间继续实验，效果会不会更好？当然这也是我在思考的问题。

这是一个才执教自然课三个多月的年轻教师的发言。她经历了课堂观察，聆听了平台上同伴的声音，积极思考着如何去解决问题。这就是她在这样一个群体中获得的滋养。课堂评价对教师的专业成长意味着什么？我们再来听听另一位职初教师的看法。

职初教师2：这段时间我观察了好几位教师的自然课，也参与了基于信息化的课堂教学评价。我认为课堂评价对于一个刚入职的青年教师有一定帮助。第一，能够发现课堂的亮点以及不足之处。第二，要求可能比较高，但是对于青年教师快速成长是很有好处的。记得第一次听其他教师的课，我只会记录教师和学生的行为，但我记录完了，却发现不了任何问题。其实是有教案作为补充的。我认为需要记上课教师哪些方面做得好，哪些方面存在问题。学生什么时候乱了，教师是怎么处理的。第三，对于每堂课的时间分配进行了学习。每堂课对于时间的记录是非常关键的。记录导入课题花的时间、实验说明花的时间、学生做实验花的时间都是至关重要的。第四，听取很多经验教师不同的理解对于青年教师来说也是极其重要的。青年教师的可塑性强，因此应听取不同教师的见解，取其精华去其糟粕。

分课型课堂教学评价对于职初教师和其他教师来说都是必要的。它可以提升教师对学科本质的思考与认识。只有这样，我们的教师才能真正走上专业发展之路。

当这样一种嵌入式研修走向常态的时候，教师将不再觉得研修是一件痛苦的事情。

（三）结语

经过几次的实践，我们体会到了通过信息化课堂教学评价平台实践嵌入式研修的好处。平台可以快速对数据进行统计，有利于组织者进行即时分析。正如我们自然学科倡导用证据说话一样，教研同样要用数据来说话。及时发现课堂教学中存在的问题，针对问题组织教师进一步讨论和思考，借助其他信息化平台的即时交互功能，实现了教师间的对话，促进了教师专业发展。

立足课例研究、基于诊断改进课堂的过程，旨在通过做中学、观中思、写中悟促进教师认真研读课程标准，正确理解与把握教学内容的内涵，准确分析学生的认知条件与过程，从而确立适切的教学目标，避免出现活动设计针对性不强、流于形式等现实问题。

教研活动需要循证实践。而基于证据的观课与评课让教师参与教研活动时更加有话可说。信息化交互平台和现代教学技术既是课例研究顺利实施的有效保障，也是教师之间实现对话的有效载体。

第三节

课例研究与学科教师专业发展

一、以行动为支持的教师专业发展[①]

2011年,上海市教科院教师发展研究中心和青浦区教师进修学院合作开展了一次课例研究活动。之所以开展这次课例研究活动,基于两个原因。

第一,教师对于学生知识的需求。上海市教科院曾经对青浦区教师近年来所接受的培训课程内容进行梳理,发现内容主要集中在学科内容知识、教学策略方法、课改背景下的学科新知识以及教学实践探索四个方面。对一些教师访谈、座谈的结果都表明,教师对于在职培训是比较满意的,认为参加培训对自己的成长有帮助。但是,他们建议,需要增加"学生学习心理的研究、学生个体差异的比较分析、针对学科特点的小组学习方式的建立和完善"等帮助学生在课堂中建构学习的培训课程内容。进入内涵发展阶段的上海基础教育的一个标志性变革就是改变"目中无人"的教学。如何在培训中增加研究学生的内容,是需要思考并积极开展的一件重要工作。

第二,教研员自身对于让课堂观察技术真正便于中小学教师探究的需求。近年来,上海市青浦区的教研员以课堂观察技术为手段,开展以课例为载体的教学研修活动。在活动过程中,教研员和教师一边学习理论,一边探索课堂观察的方法。他们通过课前的小组讨论,形成课堂观察的分项量表;通过课中的分工观察,记录课堂数据等信息;通过课后的反思讨论,形成课堂教学诊断意见,做得有声有色。教研员和教师普遍认同这种基于证据、客观看待课堂的教学方法,但是也都认为它"比较复杂,平时不能做"。我们通过观察发现,在课堂观察的过程中,教师常常因为分工合作,忙于一个视角的观察而忽视整体把握。

为此,我们希望借助活动探索以下问题:教师如何进行基于学生学习的课堂教学观察?在开展以课堂观察技术为主要手段的教学研修活动时,教研员应该

[①] 王洁,张敏,沈丽萍,等.观察课堂 观察学生[J].基础教育课程,2011(5).

怎样设计活动？如何通过课堂观察，让教师充分知觉教学中的经验和问题？如何使得课堂观察技术成为教师增长专业知识、提高教学有效性的强有力工具？

（一）指向：在课堂观察中不断发现"学"的真谛

有证据表明，人们是在实践、反思和有指导的学习中建构知识的。课堂观察活动的开展为教师创设了一种真实的学习场景。在这样的学习场景中，教师可以穿梭于书本学习和实践经验之中，不断发现"学"的真谛。这是教师专业学习的真谛，也是学生学习的真谛。下面选取两个教师感触较深的方面，从课堂中的学生行为看教师教学设计与实施的效果。

1. 设计方案重形式还是重过程

在关于"回声"的第一轮课上，第一个活动是设计一个关于回声的实验方案。我们对学生的小组合作情况进行了观察。

Z同学一直听得非常专注，特别是教师用PVC管进行示范时，我们注意到由于部分听课教师挡住了视线，他还侧过身体仔细地看。在教师发出小组讨论的指示后，Z所在小组的其他三个组员有点手足无措。Z示意一个组员拿出铅笔盒，试图找到一点可以帮助的东西，但是没有成功。经过了大约几十秒的思考之后，Z把书卷成筒状，嘴里喃喃自语："可惜没有胶带。"可能他想把书也做成像PVC管一样的管子。"这里是不是有声音呢？"Z边说边把用书卷成的管子放在耳边听了听。这时候活动结束时间到了。

实验方案的设计对于培养学生的实证意识和思维方式具有明显的意义。中年级学生已经具备设计简单实验的能力，在这个教学设计中教师采用的是小组讨论的方式，但是在将近五分钟的活动时间里，从学生拿出铅笔盒找物品到用书卷成筒状听一听这些行为表现不难看出，他们自始至终没有明白要讨论什么、该干什么，也设计不出实验方案。

2. "小组合坐"还是"小组合作"

国家和上海市科学课程标准中都明确提出，要"积极引导学生开展小组合作学习"。[①] 现实的小学自然科学课堂中，教师也经常组织学生采用小组学习的形式进行观察、讨论、交流和实验等。在和一线教师交流时，我们发现他们对于小组学习信心满满。有教师认为，"小组学习能够让不善于表现、思维慢的学生也

---

① 上海市教育委员会.上海市小学自然课程标准(试行稿)[M].上海：上海教育出版社，2004.

得到提高""小组学习能够调动学生的兴趣和学习的主动性""小组学习能够培养学生的合作精神"。的确,实行小组学习的课堂都会有很热烈的讨论,在汇报时,总会出现那么几个学生争着抢答,似乎合作很有成效。但当深入学生小组,教师的感觉却不一样了。

课堂片段:教师要求学生探究各种材料反射声音能力强弱,并准备了海绵、塑料垫板、玻璃镜子和棉质抹布。

在我们观察的小组中,三个学生在教师说完之后,开始了讨论。第一个学生问:"你觉得什么最好?海绵吗?"第二个学生答:"海绵有空隙的。"第三个学生说:"所有的材料都在桌肚里。"显然,这一小组对于怎样探究各种材料反射声音的能力强弱没有任何交流。实验开始时,小组长说:"你们自己决定用什么材料和由谁来听?"

在第一轮听回声的活动中,两个学生轮流用海绵、塑料垫板、玻璃镜子、棉质抹布,无人记录。

在第二轮听回声的活动中,有两个学生交换了位置,其余的两个学生则开始研究塑料垫板的反光现象。之后一个学生填写了实验记录单,没有人对两人之间的实验差异提出质疑或者重复做几次。有一个学生对玻璃镜子产生了兴趣,翻来覆去地研究并试听了一次,突然插话"我用玻璃镜子来听,正面强,反面弱"。

显然,教师自己的观念还停留在自己能够顺利地上完课上。只要布置的活动小组能顺利完成,而小组中又有比较突出的学生可以代表小组发言就可以了。但这就是小组合作吗?这样的小组合作有意义吗?教师如何从观念上进行改变,多给自己一些近距离观察学生的机会,让自己成为小组合作中的一员,并不断改变自己的角色。

3. 该听的听了没有,该做的做了没有,该想的想了没有,该说的说了没有[①]

第一轮课的第二个活动是探究各种材料反射声音能力强弱。这个活动旨在让学生了解回声相关知识后,主动探究各种材料反射声音能力强弱。但是由于教室环境不够安静,闹钟的回声只有少数学生能听见。很多学生说:"听不见,我一点儿也听不见。"这个环节草草收场。教师给出了结论:平整、光滑、硬的物体

[①] 这部分课例由上海市青浦区崧文小学游琪佳老师提供,这是她作为执教者反复观看自己的课堂录像后的自我诊断。

反射声音能力强;粗糙、多孔、软的物体反射声音能力弱。

(1) 学生该听的听了没有,教师该说的说了没有

这个活动中,学生该听的听了没有?显然,学生听了。对于这个活动,学生还是有很大兴趣的。从教育心理学的角度来说,兴趣是一个人倾向于通过认识、研究获得某种知识的心理特征,是可以推动人们求知的一种内在力量。因此一堂课、一个环节有一个引人入胜的导入很关键。一旦很好地激发了学生的兴趣,学生就会像着了魔一般,专心致志地研究探究他们感兴趣的问题。我设计的活动中需要学生组装一些材料。从他们最后都可以顺利组装材料来看,学生把该听的都听了。

教师该说的说了没有?从实录来看,我的确引导学生说出了在第一个活动中发现的问题,也把实验操作方法一一交代了,最后还引导学生交流了听不清闹钟回声的种种原因……我想,是不是还有什么我没有说?

是的,我没有和学生说最后我们的实验效果不好的原因。为什么不能坦诚地把遇到的问题、困难拿出来讨论呢?问题、困难并不可怕,可怕的是我们无视它们的存在。教师应该鼓励学生提出自己真实的想法,从而一起讨论,一起研究,做到真正意义上的探究。

(2) 学生该做的做了没有,教师该做的做了没有

学生该做的事包括:组装好活动材料,摆好闹钟的位置,一个组员听,一个组员换材料,一个组员记录,并注意教师之前提出的种种要求。显然,学生把该做的都做了。

教师该做的做了没有?我尽量引导学生提出实验的注意事项,并邀请学生来做示范,在几个难点处加以强调演示。是不是我还有什么没有做的?

这里,我反而做得太多了。我想给学生一个固定的结构、模型,想让学生听到一个固定的声音,想让学生在我的控制下完成实验,却得到反效果。如果参照第一个活动,随意地给学生一些PVC管,让他们随意地发出声音,效果会不会好些呢?

(3) 学生该想的想了没有,教师该想的想了没有

整个活动中,学生积极开动脑筋。他们发现了不同物体对回声有着不同的影响。这样的发现是学生主动探究的结果。不论学生的发现是对是错,是成熟是稚嫩,都闪烁着他们依靠自己的力量去探索发现智慧的火花。在实验过程中,

学生还想出各种各样有利于实验进行的方法。当听不到闹钟回声时,他们也能想出各种办法。学生该想的应该都已经想到了。

我想到了什么?我想到了要引导学生从第一个活动顺利过渡到第二个活动;我想到了在第二个活动开始前交代清楚实验的过程与方法;我想到了在学生听不清闹钟回声时要停下来想些好方法。我还有什么没有想到的吗?

当课堂中突然出现了令人无法预料的问题时,及时机智的处理是我要好好学习的。我没有巧妙处理这堂课的插曲,没有临时改变声源,没有及时讨论实验失败的原因。如果我能将这样的插曲处理得像是精心设计的一样,那么课堂也将因此而丰富、精彩,学生也将因此而灵动。

(4) 学生该说的说了没有,教师该听的听了没有

学生说,自己在第一个活动中发现衣服、笔袋这种软的东西回声轻,椅子、桌子、墙壁这种硬的东西回声重;他们说了一些实验方法;他们说出了自己的心里话"一点儿也听不见闹钟的回声"。可以说,学生该说的都说了。

我听到了学生对于第一个活动的想法;听到了学生对于实验操作提出的意见;听到了学生说听不见闹钟的回声。我究竟听得到位了吗?

当实验中出现争议时,如果像我这样只是用遮遮掩掩的方式一带而过,那么很多学生仍然还是处于模糊的理解中。这个时候不妨把争议拿出来讨论,或者再进行实验,帮助学生把思路理顺,得到科学可靠的结果。

重新站在学生的角度理顺思路,教师会发现每个学生呈现出的都是最真实、天真的一面。如果时时刻刻站在学生的角度看待课堂,或许固执的教师也会立刻开窍,成为一名真正的领路人。

(二) 启示:在课堂观察中提升教师的专业判断力

1. 透过课堂观察,加深教师对于教与学的认识和理解

课堂观察需要技术,但如果过度强调定量,就会使观察者的注意力转移,从而忘记进行课堂观察的目的。教师进行课堂观察的目的不是为观察而观察,而是借助录像、记录与具体数据,将真实的课堂还原。教师透过观察到的课堂现象,重新思考和分析教学内容,考察学生的学习。

本次课例活动,我们通过课堂观察,将教师的个人认知置于一个情境脉络中。这一情境脉络是互动的,包含了文化性建构的工具和意义,其结果是产生了学习。这样的学习镶嵌在合作讨论的对话中。全体参与者(包括教师与研究

者)交流思想和解释,不断地对教学行为进行调整,最终加深对于教与学的认识和理解。试想,当一群教师坐在一起,以一种客观的、中立的方式回顾学生学习的行为和想法时,研讨的中心问题是如何深入考察学生的学习,而不是解释学生可能学不好的原因,那该多么美好。

2. 透过课堂观察,增长教师的学科教学知识

如果说以往的听评课偏重于教师把握教材、组织提问、过渡、衔接教学环节等技能、技巧的熟练度的话,现在的课堂观察则更注重学生、教师行为的全面研究。

对于课堂教学有很多不同的观点,基于经验和文献研究,我们的基本观点是,在课堂里,学与教是一个整体,不能割裂,学生是学习的主体。按照以学论教的思路,课堂观察时教师应思考以下问题:学生该听的听了没有?该做的做了没有?该想的想了没有?抓住学生该听、该做、该想的内容,是课堂改进的瓶颈和关键。从"回声"的课堂教学看,教师还需要专业的学习。

李·舒尔曼认为教师专业知识框架应包括:学科知识;一般教学知识;课程知识;学科教学知识(pedagogical content knowledge);学习者及其特点的知识;教育情境知识;关于教育的目标、目的和价值以及它们的哲学和历史背景的知识。[①] 其中,学科教学知识最能区分学科专家与教学专家、高成效教师与低成效教师间的不同。有学者将学科教学知识解析为四部分:一门学科的统领性观念——关于学科性质的知识和最有学习价值的知识;学生对某一学习内容理解和误解的知识;特定学习内容在横向和纵向上组织和结构的知识;将特定学习内容呈现给学生的策略性知识。

教师专业知识框架,尤其是其中的学科教学知识这一核心成分明晰化之后,教师利用其解决问题的教学技能也渐渐提高,这有助于世界各国对教师资格的认证以及对教师专业知识和技能的培养。发展教师的学科教学知识也成为课堂观察活动的一个关注点。

3. 透过课堂观察,推动教师专业实践共同体的建设

本次活动之前,我们确立了活动原则。首先,执教者和观察者相互支持,经历一个专业发展的互利过程;其次,课堂观察的重点不是评价一堂课,不是批判

---

① 顾泠沅.寻找中间地带[M].上海:上海教育出版社,2001.

不成功的教学行为,而是通过观察学生的行为,为教师提供获取教学成功的策略;最后,课堂观察的过程是对课堂教学中客观的、可观测数据的搜集和分析过程,而不是缺乏事实依据的价值判断过程。

课堂观察活动的开展,创造了一种互相支持的研讨环境。教师之间打破割裂的状态,共同探索、研讨,运用集体的智慧来解决核心问题,寻求好的实践,形成一个专业实践共同体。在共同体内,教师个人和教师群体相互滋养,获得共同提高。有研究者认为,"解决今天的复杂问题需要多样的观点,我们需要他人来补足和发展自己的专业知识,同事的支持与挑战对我们的专业发展起着至关重要的作用"。[①] 最成功的教师专业发展活动是那些长期在教师学习中受到鼓舞的项目。

(三) 基点:在教育行动中提高专业知识

1. 教师:从"边缘参与"到"核心介入"

从"边缘参与"到"核心介入",意味着随着过程的进行,全体参与教师逐渐从外围观察者的角色转变为充分发挥作用的真正的内在参与者。它强调经验活动在学习中的重要性,突出学习内在固有的依存于背景、情境和文化适应的本质,使教师通过合作性的交互作用和知识的社会建构而不断获得进步。

本次研修活动主题为通过教学设计创造"学的课堂"。具体内容是小学自然教材三年级第一学期"声音"单元中的最后一个教学内容"回声"。具体方式是一位教师执教,参与教师观课并在充分议论后提出教学改进意见。整个研修过程充分体现教师从被要求到自主融入的过程。

第一,开通网上交流QQ群。结合"回声"教学设计与"学的课堂"相关问题(如教材分析、知识拓展、实验器材、学生小组学习),由群主抛出核心问题,教师提供答案。每隔2至3天,由教研员和相关教师整理成文档。

第二,教研员邀请研究者提供相关期刊、理论书籍、视频等资料,要求教师学习,帮助参与教师提高认识。

第三,执教者公开教案。参与教师通过QQ群讨论、协商,提出建设性意见。教研员和相关教师整理后,提供给执教者,并形成文档。

第四,研修活动分课前会议、课中观察、课后小组讨论和全体交流四个环

[①] 王洁,顾泠沅.行动教育——教师在职学习的范式革新[M].上海:华东师范大学出版社,2007.

节。对教师的要求是:讲故事,讲重点观察的小组或学生个体的故事;听故事,认真倾听别人的发言,完善补充;写故事,将故事及内含的意义用简单的文字写出来;交流故事,以小组为单位发表观点,全体互动议论,形成教学改进要点。

第五,QQ群交流。督促教师将想法整理成文字。一周后,教研员和相关教师整理,形成文档。

2. 教研员:平等中的首席

平等中的首席很好地界定了研修活动中教研员的角色。作为平等中的首席,教研员的作用得以重新构建,"从外在于教师情境转化为与这一情境共存,权威也转入情境之中"。[①] 在本次研修活动中,教研员的作用主要体现在三个方面。

第一,教研员是教师学习的组织者。教学研修是教师主动探索、相互学习、解决问题的过程。这个过程要充分发挥教师的主体作用。教研员作为一个区域的课程领导,需要对教师的研修活动从总体上进行组织、安排和落实,为教师提供资源。在本次活动中,教研员组织教师成立先行小组,确定本次研修活动的学科内容重点和执教者;将参与活动的全体教师根据其教学专长和特点,分入不同合作学习小组;安排整个研修活动,包括研修活动前的准备工作、活动现场流程、活动后续工作等。

第二,教研员是教师学习的促进者。教研员要帮助一线教师在探究活动中获得一种积极的情感体验。具体来说,教研员需要创设情境,引发教师的研究愿望;在教师遇到困难时,帮助教师树立信心,排除障碍;当教师研究达成一定目标时,要及时肯定,热情鼓励,使得探究活动达到一个新的高度。

第三,教研员是教师学习的参与者。研修活动本身具有开放性、生成性、涉及面广的特点。教研员只有深入其中才能了解教师的需求和困惑,发挥组织和指导作用。教研员作为参与者和教师一起开展探究学习,有助于扩大教师的知识面,改善教师的能力结构,增加对教师多方面的了解,提高教师的专业水平。这是一个边做边学的过程。具体来说,教研员应以平等的身份出现,与教师一起探讨问题;不预设自己能回答教师的所有问题;注意观察和研究教师,注意积累

---

① (美)小威廉姆 E.多尔.后现代课程观[M].王红宇,译.北京:教育科学出版社,2000.

资料,进行个案研究;和教师一起分享成功的快乐。

二、课例研究中的教师成长三步走例谈

课例研究成了研究课堂和学生的重要载体,拉近了教师和教研员之间的距离。从 2002 年到 2018 年,在一次次的课例研究中,我们看到青浦区小学自然学科教师队伍中一个个实践者、指导者和研究者获得了成长。

青浦区小学自然学科教师队伍中的每个年轻人都会经历行动教育的历练,都会知道课例研究是什么。而我也会将徐剑兰老师的成长故事告诉他们。从课例研究的实践者到研究者和指导者,究竟是什么在激励着徐剑兰老师?大家不妨了解下徐老师的故事。

「案例」

走在成长路上[①]

成长是一条漫漫长路。

初始,你懵懂无知,摸索前行;有时,机缘巧合,你幸运地遇上了师者,共同行走的那段历程使你受益匪浅;渐渐地,你的身边多了志同道合的同行者,在一路扶持中互助成长;更多时候,你得独自思考、勇敢实践,才能突破一个个瓶颈,完成一次次蜕变,成就更好的自己。

一、一次行动教育研究的启迪

"让学生喜欢上每一节自然课"是我工作至今朴实无华的努力目标。2000 年踏上自然学科教学岗位之初,凭着满腔的热忱,我固执地以为只要给学生动手实践的机会,他们就会爱上自然课。于是,在校园的大树下、草丛里、池塘边,时常能看到我和学生一起观察植物、寻找动物的足迹;在实验室,也经常能看到我和学生一起摆弄实验器材、饲养昆虫、种植盆栽的身影……然而,我搞不明白,课上热热闹闹的活动之后,在我眼里简单的科学概念,学生依然没有掌握。

幸运的是,2002 年 3 月,我参加了顾泠沅老师引领的"三实践两反思"教师行动教育研究。该课题重点研究新手教师如何通过三次课堂教学实践、两次实践反思以及经验教师的课堂教学示范实现成长。作为新手教师的我成了专家、

---

① 案例由上海市青浦瀚文小学徐剑兰老师提供。

教师的研究对象。我要上小学四年级"淀粉"一课。这课怎么上？我能上好这课吗？万一失败了怎么办？当时，心底除了些许的喜悦，更多的是担忧和焦虑。

上第一轮课时，师傅徐林忠老师"你想怎么上就怎么上"的安慰话语依然在耳畔。我照本宣科地将教材中的观察淀粉、混合并加热水和淀粉、碘酒测试淀粉溶液等活动一股脑儿地组织学生完成。可想而知，课堂上问题层出不穷，不是水和淀粉打翻了一地，就是加热出了问题……课后，徐老师告诉我："科学探究并不是教材里一个个活动的简单堆砌。"当时的教研员张颂奎老师语重心长地问我："学生知道这些活动背后的科学知识吗？"上海市教科院的王洁老师和杨玉东老师则一针见血地指出："什么才是真正的科学探究？"原来除了自己以为的组织教学有待改进之外，还有那么多问题需要思考。

在三轮实践课中，徐老师给我上了生动的一课。他以空白纸上变出画这一魔术极大地激发了学生的好奇心。学生纷纷提出"纸上有什么秘密""喷在画上的液体是什么"等直指核心的探究问题。于是，揭示魔术奥秘的探究活动开始了。第一个活动是"找到好朋友"。"好朋友"是指一旦互相接触就会变成蓝紫色的液体和食物。徐老师给学生提供了酱油、黄酒、碘酒三种液体以及面粉、米饭、盐、糖、马铃薯片五种食物，学生兴致勃勃地玩开了。第二个活动是"认识淀粉"。学生观察淀粉和滑石粉，再次运用碘酒测试并准确地判断出淀粉。整堂课以揭示魔术背后的科学奥秘为目的，组织了层层递进的探究活动。这些活动既包括适合学生年龄特点的科学游戏，又包括培养学生科学能力的观察活动，还包括检验科学概念习得情况的实践应用。

短短一个月的研究活动虽然结束了，可"什么才是真正的科学探究"这个问题却深深地烙在我的脑海中，促使我每一次上课都要反复琢磨和尝试。

二、一个经验教师的蜕变

在那次教师行动教育研究中，与专家教师、经验教师的对话，使我受益匪浅。我深切地感受到青年教师的专业成长离不开学习、实践与反思。在多年的教学磨炼中，我逐渐站稳了讲台。

2009年，我参与了教研员张敏老师主持的课例研究活动。这一次我的角色发生了改变，由7年前的新手教师转变为经验教师，承担起示范课任务。另外，我还担任课堂观察组中教师教学组的组长，组织多位青年教师以教师的提问与理答行为为观察点剖析小张老师的教学有效性。在观摩他的课堂教学时，我不仅记录了师生的互动交流情况，同时在借鉴他人经验的基础上，自行开发、设计、使用了专项量表。正是因为运用了这样的观察方法，我们发现小张老师存在问题模糊不清、言语啰唆重复、理答简单无启发等不足。背后的主要原因是他缺乏对科学概念的理解、对学生认知水平的分析和对学生如何学习的思考。那么，扪心自问，我做到了吗？我怎么才能做到？有了这样的思考，在示范课上，我比以往更关注问题链的设计、小组活动的开展和师生交流的效果，尽自己所能将观课者的有效建议转化为具体的教学行为。

在"磁铁的两极""溶解""磁场"等课例研究中，我逐渐明白课堂观察只有用事实和数据来说话，才能避免经验干扰下的主观判断；只有做到定性分析和定量分析相结合，提出的课堂改进意见才更有说服力和可行性。有了这样的认识，我更加珍惜每一次研究和执教的机会。因为无论是新手教师还是经验教师，在每次的课堂观察中都有那么多双眼睛在帮助自己观察学生是怎样学习的，自己的一言一行、一举一动都无死角地呈现在同伴面前。旁观者清，当局者迷，他们不仅帮你捕捉闪光点，也像一面镜子一样照出你的不足，促使你改变。

我深深地体会到，科学的课堂观察、有效的诊断改进、同伴间毫无芥蒂的交流、专家和经验教师的教学引领、自我的思考和体悟使我不断突破瓶颈，获得可持续发展。

三、一次校本研修的突破

不经意间，我已是我校几位青年教师的师傅了。我该怎样为他们的成长助力呢？自己的成长经历不就是鲜活的经验吗？更何况，我们组里有7位青年教师，校本研修完全能以课例研究的形式开展。那么，研究的主题从哪里来呢？课堂中的教学问题就是研修主题。

我们知道，科学观察是借助人的各种感觉器官有意识地感知周围环境的一种活动。它是一种有目的、有思考、有讨论、有合作的科学实践活动，是学生认识和了解事物本质的基本途径之一，也是一种重要的科学探究方法。观察能力的培养对于学生探究能力的提升有着重要的作用。可是，很多教材中要求学生观察的内容常常没有明确的目的，似乎只强调越细越好。要观察植物，多是观察植物的颜色、形状、大小；要观察纸，多是比较纸的厚薄、吸水性等。可是，记住这种植物或纸，究竟对学生理解这些事物有多大的科学意义？这些表面特征是否就是我们希望学生记住的核心概念？怎样帮助他们在观察的过程中理解周围的世界？基于教师的困惑,我们开展了"基于课程标准实施,促进理解的观察"校本研修活动。

就牛津上海版小学自然教材第四册第三单元"卵生动物"中的"鼠妇的观察"这一教学内容,年轻的游老师执教了三轮课,其他六位成员则从学生如何学的角度进行了观课。游老师在第一轮课中暴露了教学问题"缺乏观察指导",在第二轮课中改进了教学,"观察指导细致,让学生看到了鼠妇身体结构",但又忽视了"鼠妇身体结构与功能"。我们觉得问题产生的原因在于课程标准解读不透彻、教材分析不到位、学生理解水平和学习兴趣不了解。

聚焦课堂改进的三轮课的研修过程不仅使每一位老师对"围绕核心概念如何促进学生基于理解的有效观察"这一问题有了深入的理解,而且引发了我们对于课程标准和学生学习的重新认识,同时也折射出了我们对于"新课程理念下课堂教学如何转型"的新思考。

四、一个学科团队的发展

几年来,我多次组织组内教师开展基于教学问题的校本研修,使每位教师的教学能力不断提高。我和组内的沈芳珠老师先后参加上海市中青年教师课堂教学评比活动,均获得一等奖。我本人在上海市首届爱岗敬业教学技能大赛中获上海市二等奖、青浦赛区一等奖。更难能可贵的是,在张敏老师的指导下,每位教师都在不同层面承担公开课、研究课任务并获得好评。

几年来,我和伙伴们围绕区级课题"小学自然长周期探究的实践研究",充分利用校园环境资源,以课堂教学为依托,组织学生开展长周期探究活动,多次获奖。在多年实践积累的基础上,我们开发了适用于不同年段的"校园 discovery"系列课程,包括一年级"春天到了"、二年级"蜗牛王国"、三年级"种植小能手"、四年级"植物图鉴"等。教师分别承担不同的教学任务,逐渐形成自己的教学特色。

在整个团队的共同努力下,我校自然教研组获得"青浦区先进教研组"和"青浦区工人先锋号"等称号,我校被评为青浦区科技特色学校,"校园生物探究"项目被评为青浦区科技特色项目。

当你是团队中的一员或者要带领一个团队时,你一定要包容这个团队中的每个人,鼓励他们贡献自己的力量,互相支持,互相学习,共同进步,这样才可以走得更快乐、更踏实、更长远。

成为2002年顾泠沅老师领衔的行动教育研究的一位实践者,徐剑兰无疑是幸运的。她在一次次的课例研究中历练成长为青浦区自然学科带头人,2018年被授予"青浦区2009至2018年教改实践先锋"称号,在上海市中青年教师课堂教学评比中获得一等奖。她在课例研究的路上走得越来越踏实。我也在冷静思考着带队伍、促进教师成长的方法,梳理出"学中思,走研究之路;传帮带,做他人嫁衣;出声响,创特色品牌"教师成长三步走的做法。

(一)学中思,走研究之路

多年来,我们坚持开展课例研究,区里许多年轻教师都走上了教研和科研并举之路。青浦区自然学科专职教师总人数并不多,在市级层面和区级层面立项的课题却有十余项,其中多项课题被立为重点课题。通常一个课题会有多位教师参与。表4-13为2011年以来青浦区小学自然学科部分立项课题一览表。

表4-13 2011年以来青浦区小学自然学科部分立项课题一览表

课题主持人	课题名称	立项单位	研究时间	课题组人数
张敏	基于信息化平台的课堂教学评价研究	市教研室重大科研项目(子项目)	2011/9 至 2012/6	8人
张敏	跨学科整体性课堂教学评价指标研究	市教研室重大科研项目(子项目)	2015/10 至 2016/12	8人
陆志红	PhET虚拟实验与传统实验对接的行动研究	市教委教育信息技术应用研究项目	2015/9 至 2017/9	8人
樊蓉	以"苗苗农场"种植活动为载体,提升小学生探究能力的实践与研究	市教研室青年教师课题	2014/12 至 2016/12	6人
张定浩	关心身边环境——小学生"啄木鸟行动"的实践研究	市教育学会中小学科学专业委员会重点课题	2015/12 至 2017/12	6人
游琪佳	基于"爱实验"公众号和"轻学·自然"学科平台下的微课程的开发与应用	市教育学会中小学科学专业委员会重点课题	2016/12 至 2018/12	6人

（续表）

课题主持人	课题名称	立项单位	研究时间	课题组人数
张　敏	提升教学智慧——在线公共课程区本化再构与实施的研究	区重点课题	2015/12 至 2017/12	11人
沈丽萍	基于学生学习行为观察，促进课堂有效教学的行动研究	区重点课题	2010/12 至 2012/12	11人
徐剑兰	小学自然长周期探究活动的实践研究	区重点课题	2013/12 至 2015/12 月	11人
陆志红	小学自然学科多元化作业的实施与研究	区级课题	2013/12 至 2015/12	11人
杨诗意	如何让生活中的科学小实验与课堂教学相互促进的研究	区级课题	2017/12 至 2019/12	5人

从表中可以看出，部分课题聚焦课堂教学评价，以课例研究为载体，如"基于信息化平台的课堂教学评价研究""跨学科整体性课堂教学评价指标研究"；一部分课题重在引导学生深入探究，如"以'苗苗农场'种植活动为载体，提升小学生探究能力的实践与研究""关心身边环境——小学生'啄木鸟行动'的实践研究""小学自然长周期探究活动的实践研究""小学自然学科多元化作业的实施与研究""如何让生活中的科学小实验与课堂教学相互促进的研究"；一部分课题直接指向课程资源的建设，如"基于'爱实验'公众号和'轻学·自然'学科平台下的微课程的开发与应用"。

令人欣喜的是，从课题研究内容看，自然学科教师还开展了跨学科项目的探索，如庆华小学张定浩老师带领学生关注身边自然环境及社会问题的调查与讨论。张定浩老师无疑是我们这一群自然学科教师中成长较快的青年教师。2009年，我第一次带教师做课例研究时，课堂教学实践者就是他。在短短的几年里，他对于自然教学有了深刻的认识，在上海市课堂教学评比中获得了一等奖。下面来看看他的自述。

> **案例**

课例研究改变了我对自然教育的认识[①]

2009年,我作为被观察者首次参与了课例研究。教学内容是"磁铁的两极",一节传统的实验课。当时教龄只有两年的我,被20多位教师分小组、从不同维度、使用不同的量表进行"课堂解剖"。时至今日,回想起来还是心有余悸。不过通过四轮实践课的磨炼,我的课堂发生了巨大的改变,我也在那时写下了一篇题为《四轮课别样心情看课堂变化》的教学案例。从失望到绝望,从绝望到希望,都是课例研究带给我的感受。

这次课例研究改变了我对教材教法的认识,提升了我的教学技能水平。我一度痴迷于向周围的优秀教师学习,学习他们如何提问和理答,甚至超越了对教学内容本身的关注。但不可否认的是,这一次的课例研究是我的一个新起点。

随后,我参与了多次不同主题的课例研究,有关注教学目标定位的,有关注学生学习目标的认识与发展的,有研究教师专业技能的。通过一次次课例研究,我学会了自我反思,学会了合作学习。我也明白了课例研究不是针对一位教师的活动,而是一个教师团队共同参与的活动;课例研究不是一位教师完成的活动,而是一群教师合作完成的活动。课例研究是教师教学的舞台,教师既是设计者,又是表演者,更是评价者。我听评课的能力,与同伴的合作能力,活动的策划能力都伴随着课例研究不断提高。

渐渐地,我发现,教研员张老师口中说的最频繁的话变成了"这个蛮有意思的",伙伴们常常会把"这个好玩"挂在嘴边。研究的主题也开始五花八门起来,有"批判性思维""生活中的科学""游戏化学习""虚拟实验室""长周期探究"等。上课的教学内容也多样起来,甚至连抽水马桶下水道旋涡方向,也会被拿来进行教学研究。

我们在关注教师教的同时,更多关注学生的学,从学生的身边入手,让学生玩得开心,给学生不一样的体验。采用与时俱进的教学方式渐渐成了课例研究中大家更为关注的事情。我们都感受到了自身的变化和团队的变化。因为我们

[①] 课例由上海市青浦区庆华小学张定浩老师提供。

都认识到了,自然老师应该尊重学生的天性并给予学生最贴切的教育。

进入小学,学生就进入了一个相当规范化的系统。作息时间、身体行为、言语方式、交往方式、思维习惯,似乎一切都程序化了。这样真的好吗?

小学生对自然充满了好奇,这个世界对他们来说仍是新鲜的。有时候这种好奇是不可抑制的。一节课35分钟,要他们坐在椅子上,还要他们有统一的坐姿,这并不是一件很容易的事。我们的课堂是否给学生提供了足够的时间与空间,满足了学生真正的学习需求?我渐渐认识到,没有什么比回归生活,回归社会,让学生开心快乐地进行自我选择、自我判断、自我学习更为重要。

随着课例研究的不断深化,我知道了应该如何改进我的教育方式。我的学生应该是一个个与众不同的个体,他们自信、无畏、有责任感、有创造力。于是我开始在课堂中调整和改变,希望设计更多体验活动来实现我的教育理想。

一、回归自然,开展种养活动

心中醒,口中说,纸上作,不从身上习过,皆无用也。对于学生来说,体验活动是最重要的。怎么才能让学生知道某一种动植物的生活习性?怎么才能培养学生对科学的兴趣和对生命的热爱?学生的观察能力、动手实践能力如何才能提高?这些光靠嘴上说是无用的。我们是自然学科的教师,当然要做有关自然的事情,用自然的方式去解决这些问题。种养活动就是一个非常有效的手段,虽然很麻烦,使得不少教师望而却步,但恰恰如此,反倒能体现它的价值。

这些年,蚕宝宝、蜗牛、黄粉虫、鼠妇、蚯蚓、金鱼,甚至蚊子都是我们饲养的对象。每年一个花盆、一些种子、一包泥土,也是自然课必定会下发的。

伴随着这些活动,我尝试开发了校本课程"校园里的小动物",并根据学生饲养活动的深入不断进行修订。记得有一次我让学生通过饲养开展对黄粉虫生活习性的研究。起初我只要求学生简单地写一些观察日记,但是学生总是能给我惊喜。

有一个学生记录了黄粉虫每天的变化,测量了黄粉虫每天的身长,并且配了照片贴在观察日记上。一个小学生竟然可以做得这么出色,而我只是给了他一些虫子。当然,大部分学生记录的文字略显简单,记录水平有待提高。既然学生喜欢饲养,愿意去观察、记录,我就在课程中加入一个新的模块来教学生如何写观察日记。我的校本课程就像一块海绵一样,不断汲取水分。汲取的水分就是学生一次次的种养活动。

也许每次活动的设计并不完美，但是作为教师，给学生机会去尝试体验才是职业使命。亲眼看见自己饲养的鼠妇孕育出新生命，让学生产生的对生命的敬畏是任何一种教育都无法取代的。

二、不甘安逸，挑战自我

教师专业发展并非是课例研究的全部目的，脱离了学生学习和发展的教师专业发展是没有任何意义的。课例研究最终价值不仅在于教师专业发展，而且在于借教师专业发展促进学生的学习和发展。我也一直在为我的学生打造一个更好的舞台，给学生更多机遇和挑战。

2014年，我首次接触到了DI创新思维大赛这个项目。它的教育目标深深吸引了我。比如，培养参与者的思维能力，学习并应用创造性解决问题的方法和工具，培养团队合作能力，提升参与者展示能力，发掘参与者各方面天赋和潜能。

这些教育目标不正是我们学生最迫切需要的吗？于是我开始义无反顾地投入到大赛中，只为让学生去接触这些新颖的挑战题，利用自己的创造性思维去解决问题，展示自己。比赛期间经常是朝七晚六，双休日加班也是常事，当然学生也是一样的，他们需要理解付出与坚持的意义。我的学生在2015至2016年DI全国赛中荣获了一等奖。看到他们激动万分地举起奖杯时，我突然觉得其实人是需要被给予一个舞台去拼搏并获得成功的，这样一种成功是积极的。我想我一定会坚持下去，继续帮助我的学生实现自我，收获自信和成功。

三、社会实践，勇于担当

我始终认为局限在教室的教育是片面的和不完善的。教师要带学生走出去，让学生用不一样的方式去学习，用社会实践活动使其融入社会，感悟生活，让学生通过参与、体验和感悟增强对社会的认识和理解，发展学生的批判性思维，增强学生的社会责任感。2014年底，我着手申报课题"关心身边环境——小学生'啄木鸟行动'的实践研究"，该课题同时被立项为区级和市级课题。

2015年"给断头树讨一个说法"是我带着学生开展的一个重要活动。活动内容来源于生活。学生发现学校周围小区内的树集体"断头"了。遭到如此暴力裁剪的大树是否能成活？居民们为什么袖手旁观？谁又是幕后黑手呢？带着一系列问题，我引导学生走出校园探寻真相。学生通过新闻采访、问卷调查、信访等多种途径进行调查研究，经历了一个完整的、有担当的探究过程，并且最终撰文在学科平台上发表，引起了社会关注。

在这个过程中，学生从采访初期的畏畏缩缩、语无伦次，到最后变得自然大方、条理清晰。学生体会过物业部门的不配合，也深深体会过居民的冷漠态度。所有这些都是学生的真实体验。

之后我还带学生开展了"僵尸车整治难""青浦水环境现状调查""谁来管管小区里的狗屎问题"等实践活动。别样的学习方式正是我想带给学生的。我坚信这些活动会深深烙印在学生的心中，对他们的成长起到积极作用。这样的教育尝试也印证了我之前说过的话。我想要培养的是自信、无畏、有责任感、有创造力的学生。

改变并不容易，这源于课例研究的启迪，源于伙伴们的智慧。课例研究让我得到了专业成长，认清了自己想走的教育之路。期待课例研究能感染更多的年轻教师，让大家有所得、有所悟。

张定浩老师的课题研究还在继续，他和学生的探究故事还在继续。将教师领进课例研究的大门，让他们获得的不仅是教学技艺的增长，更多的是对自然的敬畏，对社会的责任担当。这是教研员和引领者需要关注的。

其实，这种品质的养成很大层面上得益于同伴的精神鼓励和支持。2015年，青浦小学自然学科申请了面向师生与家长的"爱实验"微信公众号，创建了"一页一世界"等栏目。"一页一世界"栏目致力于发布教师对自然、环境、社会问题的关注与思考。栏目开办至今已经推送了原创文章160余篇。作为栏目主持人的我，写下了100余篇文章，如"一树一天堂""向日葵上的过客""谁来回收公共绿地上的植物"。数十位教师发布文章表达了自己的观点。

（二）传帮带，做他人嫁衣

很多人说青浦的自然教师不一样，这种不一样通常源于课例研究中的一种文化。我们提倡课例研究中的平等对话，引导经验教师甘于奉献。事实上，在指导青年教师的过程中，经验教师同时也在成长。课例研究的过程是双赢的过程。

2012年，青浦区小学自然学科教师研修基地成立，基地设在青浦区逸夫小学，主持人除区教研员还有基地学校的区名优骨干教师。逸夫小学的沈丽萍老师也是主持人之一。在以往的课例研究中，她是执教者，多次作为经验教师上引领课，同时又作为研究者参与了全部的课例研究。在这个过程中，她将视线投向更多学生。她主持的区重点课题"基于学生学习行为观察，促进课堂有效教学的行动研究"得到了有关部门较高的评价。课堂教学专项评价表中的一部分内容，就是她带领课题组成员一同开发的,至今还在不断完善之中。

根据青浦区职初教师培训方案安排,每一位职初教师都要去学科教师研修基地进行浸润式培训。作为指导者的沈老师将课例研究中的一个个课例拿来指导青年教师,与他们一同在课堂上打磨。在带教青年教师的过程中,她有了一些心得。或许这些心得会给更多经验教师以启迪。

「案例」

课例研究助推新教师专业成长[①]

成长需要时间的积淀,需要自己的摸索,需要专业的引领,更需要实践的反复验证。每个人的成长或多或少都需要他人的协助,而我有幸成了新教师成长道路上的引路人。在签下一份带教协议的同时,我承担起了教与导的重任,感受到了沉甸甸的责任。站得高才能看得远,在指导新教师的过程中,我们不能仅满足于驾驭课堂和完成教学任务,而应期望他们站在更高的台阶上去关注课堂,用更睿智的眼光去观察学生,以课例研究为路径,丰富自己的专业知识,提升自身的专业能力。在日常的互动式带教中,针对新教师普遍存在的学科专业知识缺失、教学经验不足、课堂观察浮于表面等问题,我选择了适切的学科教学内容和恰当的教学方法,引入课例研究模式,帮助见习期教师在实践、反思的过程中,尽快适应角色转变,迈出专业成长历程中坚实的一步。

一、实践磨砺——培育课堂教学能力

作为实践者的我,2009年起先后参与"磁铁的两极""溶解""磁场""回声"等课例研究活动,从起初的懵懂无知到后来的得心应手,走过的每一步都使我更加成熟。课例研究的实践在丰富教学经验的同时,使我对学科定位和内涵有了更清晰的认识。课例研究以教学实践中遇到的问题为主题,以教学内容为载体,要求执教者分析课程标准和教学内容,精心设计每一个活动,仔细斟酌每一个问题,既要顾及教学任务的完成又不能错过学生活动中的每一个细节。这必然会暴露一些自己不易察觉和无法解决的问题。幸运的是,会有很多旁观者给出合理的意见和建议。让刚入职的新教师经历这样一个实践体验、对话交流、思维碰撞的过程,对他们来说,远比关起门来自己摸索有意义得多。

[①] 课例由上海市青浦区逸夫小学沈丽萍老师提供。

（一）一课多上：发现问题，解决问题

缺乏教学经验导致新教师在教学中出现很多问题。指导新教师的过程如科学探究一样，是不断发现问题、解决问题的过程。在日常的带教中，我运用课例研究的模式，指导新教师先独立备课上课，发现教学中出现的典型问题，再确定课例研究的主题。在接下来的几轮教学中由教研组或备课组的教师组成研究小组，进入课堂观察新教师的执教过程，详细搜集教学过程中的各种信息和数据，运用集体智慧帮助新教师诊断问题，促进执教者的反思以及随后的课堂教学改进。课例研究始于问题，又以解决问题为最终目标，以一节课的教学内容为研究对象，多次实践多次修改，帮助新教师解决课堂教学中存在的一些突出问题。这不但能让新教师对课例研究有更加清晰的认识，而且还能促进新教师在教学方面更快成长。

（二）同课异构：扬长避短，共同提高

教师的个体差异决定了他们对同一教学内容会有不同的理解，呈现出不一样的教学构想。区级层面开展的"磁铁的两极""磁场"等课例研究中，经验教师的课堂教学对青年教师起到了很好的示范引领作用。借鉴这样的课例研究方式，我在带教指导中利用师徒或徒弟间的同课异构，引导新教师在比较中相互学习、共同提高。小学二年级"运动"单元中"让物体落下"这个内容，主要研究的是自由落体运动现象。教材中只要求通过几个简单实验让学生知道大多数物体从同一高度下落会同时着地，但事实上这个结论在实际的操作过程中很难得出，因为无法忽略空气阻力这个因素。选定了这样一个具有挑战的内容，新教师从学生实际出发设计，把教学的侧重点放在学生对概念的理解上；而经验教师试图通过让学生亲身体验，引导他们依据事实判断，进而对亚里士多德的结论进行反驳，对伽利略比萨斜塔实验的真实性产生怀疑，帮助学生建立严谨的科学态度。我们依托课例研究的方式，从多个角度看同一内容，引发参与者的思维碰撞。对执教的新教师来说，无论是与经验教师还是与同伴教师的互相切磋，都能拓宽教学设计的思路，使其对教学内容的理解更全面，促进自身的专业成长。

（三）伙伴对话：思维碰撞，明晰概念

课例研究强调的是同伴间的沟通交流。如果给予不同新教师同一个教学内容，他们会如何进行教学设计？这考验的是他们对课程标准和教学目标的理解和把握，对教学内容的理解和处理，对学情的了解与分析，对教学策略的选择和运用。课例研究直接改变了参与者的认知和教学行为。如何使课例研究的成果辐射给更多未参与研究的教师？这是"溶解"课例之后我们一直在思考的问题，于是有了一年之后的研讨活动。七位新教师对这个内容进行了自主设计，在经验教师的引领下，通过伙伴对话的研讨方式阐述自己的教学设计思路和困惑。从交流中我们发现，有的新教师盲目照搬教材全部内容，缺乏对学生应有的认知和对教材内容的解构；有的认为溶解、融化、熔化三者的区别是教学的难点。最后大家的交流重心转移到溶解概念的建构上，探讨如何在教学中运用合适的实验帮助学生理解溶解的概念。在同伴对话形成初步认知的基础上，经验教师向新教师呈现了"溶解"课例研究的过程，把溶解这个概念分解成三个相关的现象（即消失不见、均匀分散和没有沉淀），设计相应的活动帮助学生理解并归纳概括出溶解这个概念。一个人的思考有时是片面的。我们需要同伴间的分享交流和思维碰撞。课例研究的效益不仅体现在当下，还对新教师的成长具有积极意义。

二、课堂观察——提升课堂诊断水平

课堂观察是教师必须具备的一项基本功，是吸取他人教学经验、提高自身教学水平的重要途径，对于新教师成长的作用不言而喻。参与课例研究的过程中，带着观察工具有目的地进行观课渐渐成为所有参与者的习惯。然而在第一次检查新教师的观课记录时，我很失望。一节35分钟的课落在纸上就只有短短的十来行字，大家记录的仅仅是教学的几个环节。所以在指导的过程中，加强课堂观察的指导必不可少。我们把开放无目的的观察变为聚焦式观察，强化基于事实和数据证据改进课堂教学的实证意识。我根据不同的教学内容拟定不同的观察点，从不同的视角去关注教学设计与实际行为之间的差距，搜集教学过程中的各种信息和数据，发现和捕捉关键的教学事件。

（一）教师教学

教学是师生互动的过程，教师的教学行为直接影响着教学的效果。在课例研究中，我们指导新教师在熟悉教学设计的基础上，从教师教学的维度关注课堂，详细记录执教者的每一个问题和学生的应答情况，分析提问的有效性，关注板书和媒体的呈现方式与时机，关注教师在活动中的指导，关注教师对生成性资源的运用。我们引导新教师在观课记录的同时，学着用数据说话，在诊断他人教学同时提升自己的教学技能。

（二）学生学习

"为了每一个学生的发展"是课堂教学的根本目标,然而学生学习也是观课者容易忽视的视角。在课例研究之初,观课者通常都在教室后面正襟危坐,没有主动进入小组去观察学生的活动。"回声"这一课例研究打破了这个惯例,我们坐在学生的身边,观察他们的情绪和行为,倾听他们的回答,记录他们在活动中的每一个细节。用这些数据回过头来再去分析教师的教学设计,或许更具说服力。无论在课例研究中还是在日常的听课中,我都要求新教师尽量记录每个学生的回答情况,进入小组去观察记录他们的活动情况(如活动是否有效,出现什么问题,如何去解决)。我们希望他们对课有理性的分析诊断,对学情有更清晰的认识。

（三）教学过程

教学过程的观察具有更宽广的视角,是在教师和学生观察基础上,对整个教学设计的执行和完成情况进行分析诊断。执教者对教材内容进行了怎样的处理,这样的处理是否恰当,预设的教学目标是否达成了,都是考量一节课是否有效的标准。观课的新教师往往就课论课,不能从整体上去评述诊断一节课,我们希望他们能站在课程标准的高度去看教学目标合理与否,站在整体设计的角度去看教学内容适切与否,站在学生的立场去看活动设计有效与否。

三、自省内化——构筑自我发展高地

美国心理学家波斯纳(G. J. Posner)经过研究给出了一个教师成长的简洁公式(教师的成长＝经验＋反思)。教学反思无疑是新教师专业化成长最有效的策略,也是新教师走上教学研究之路的第一步。

（一）纵向思考析得失

面对自己是很困难的事情,教学亦是如此。每个教师都有自己的教学习惯,语言或简洁或啰唆,教态或亲切或严厉,反应或敏捷或迟缓,指导或细致或粗放,在新教师身上尤为明显。新教师如果形成自我观察和诊断的意识,及时发现自己教学中存在的问题,并加以改进,就能不断规范和改善课堂教学行为。课例研究中的授课者应指导他们以自己的教学过程为思考对象,对自己的教学行为进行审视和分析,发现问题,思考问题,解决问题。朱老师站在前两位执教者的肩膀上,对"四季的形成"这节课进行了再设计,对自己的三轮教学进行了纵向的思考,发现测量太阳高度角活动能帮助学生建立太阳高度、影子长度和气温三者关系以及建构"四季的形成"概念。他反思了自己作为新教师在活动设计和教学指导方面的不足。新教师的自我反思内容可以是多方面的,反思自己的日常教学经历,使之沉淀为教学经验,反思个人教学经验,再进行归纳、提炼就可以上升为普适性的理论。

(二) 横向比较找差距

很多新教师的反思总是局限于自己的教学,而对他人教学的反思也是新教师积累教学经验的有效途径。这要求新教师具有更宽广的视野,站在旁观者的角度理性地分析一节课,去寻找他人教学的成功与不足之处,并提出自己的改进意见。课例研究提供了这样一个机会,让新教师作为观察者、学习者去横向比较自己与他人的差距,发现他人的教学智慧,吸收他人的成功之处,并内化为自己的教学经验,运用于自己的教学实践。我们要求新教师撰写观课报告,希望通过教师间的交流分享,尽可能地缩短新教师的成长期,让他们在学科教学的道路上走得更扎实一些。

指导新教师的过程于我而言也是自我提高、自我完善和自我成长的过程,让我努力充实自己的学科知识,督促自己精心设计每一节课,用更睿智的眼光去观察课堂,更理性地去分析教与学的问题。

(三) 出声响,创特色品牌

如果说前面的几位教师诠释了课例研究对教师个体成长的帮助,那么接下来要介绍的则是青浦区一个自然学科教研组的成长故事。教研组中的一个个成员同样从课例研究中成长起来。"爱实验"微信公众号是他们创办的。"ISY 亲子实验"成了叫得响的公众号品牌栏目,截至 2018 年 8 月已经推送了近 150 个小实验,内容贴近生活,涵盖生命世界、物质科学和地球宇宙科学三大课程模块,是课堂学习极好的补充和延伸。在信息化的浪潮中,他们善于应用各类技术手段,改变学习方式。如今,"爱实验"微信公众号成了青浦小学自然学科的一张靓丽的名片,是全区自然教师共同建设的公众号。2016 年,在青浦区教育局的大力支持下,域名为 qxzr.qpedu.cn 的"轻学·自然"学习平台上线,实现了与"爱实验"微信公众号的对接。集资源推送、课程学习、展示交流于一体,线上线下混合的学习模式,极大地增加了学生学习的深度与广度。"爱实验"微信公众号的创办最初是因为佳禾小学教研组组长陆志红老师在带自己的学生做长周期探究过程中想给学生共享资源。没想到,这几年下来又创生出了多个品牌,让区里更多的年轻教师卷入,也让更多教师成了"实验君"。

那么随着陆志红老师的介绍去看看他们是怎样想和怎么做的吧。

「案例」

课例为先,技术助推——创建佳禾小学特色教研组[①]

走进佳禾小学的自然实验室,你会发现其中的 12 台电脑一体机尤为醒目。它记录下了我们教研组每个成员的成长轨迹,记录下了我们学科、教研组、学校特色形成过程中的点点滴滴。这些成长与我们一次次的课例研究是密不可分的,而 12 台电脑一体机发挥了承上启下的作用,让我们的特色在实践中体现、提炼、彰显。我们形成了"信息技术与学科有效融合"的学校特色。

一、初尝:课例活动,初现特色成果

(一)课例行动研究,奠定青年教师成长基础

自然学科区级层面的课例活动从 2009 年就开始了,而我们学校自然学科教研组也同时开展了以课例研究为载体的教研活动。组内教师都是学科区级层面的骨干力量,承担着观课或上课实践的任务,先后参与了"磁场""磁铁的两极""溶解""回声"等相关课例的行动研究。

在一次次的课例活动中,观课教师通过收集数据、场景再现、用证据说话等方式,进行"残酷解剖""对症下药"的教研活动。执教者一次次反思、改进、实践,教学上有了质的飞跃,听评课的水平也有提升。2013 年钱老师参加上海市教育学会中青年教师教学评比课,通过课例研究,最终获得了一等奖的优异成绩。2013 年刚工作三年的邹老师参加青浦区青年教师课堂教学评比,组内教师进行课例研究后,被推荐参加市级中青年教师课堂教学评比,获二等奖。2014 年入职的朱磊老师执教了"垃圾的分类"一课,进行了区级层面的"三实践两反思"的课例实践,教学能力得到了很大的提高,现已成长为区骨干教师。以课例研究为载体的教研活动方式影响了教师的学习方式,促使青年教师快速成长,为教师的

---

① 课例由上海市青浦佳禾小学陆志红老师提供。

后续发展奠定了扎实的基础。

（二）新媒体的出现，促进课例活动的新思考

2012年实验室出现了一台70寸的电脑一体机。新式"武器"的出现给了我们教研组进一步探究和学习的机会。如何用好新媒体来帮助教师更好地教、帮助学生更好地学呢？

我们还是以课例研究的形式，寻找探究的方法和途径。2012年11月，我们利用新设备进行了"当地震来临时"的课例研究活动。在传承传统的课例研究方法的同时，我们对这个新设备的功能进行了新的探索。

1. 让学生利用网络自主学习，丰富学生课前知识

为帮助学生了解地震相关知识，我们改变传统学习方式，引导学生利用网络进行有主题的自主学习。我们发现信息技术的引入，激发了学生对学科知识的学习热情和求知欲望。

2. 及时拍照上传，抓住证据，更有说服力

学生已经知道在地震来临时应该先躲起来。课堂上，警报声一响，他们马上躲了起来。他们会躲在什么地方？会怎么躲？教师及时拍照记录下当时情况并上传到电脑。教师通过让学生讨论和交流，突破了教学的重点和难点，提高了课堂的有效性。

3. 电脑上直接圈圈画画，简单直观，交流更有效

教师给学生呈现了一张家庭结构平面图。如何组织学生进行活动和交流呢？原来，学生在电脑上可以直接圈画。这大大提高了学生学习的兴趣，学生交流起来方便又有效。

听课教师的评语如表4-14所示。

表4-14 听课教师评语

一周过去了，又一次去听这节课。我被先进的多媒体设备吸引了。拍的照片能够即时显示出来，图片上能够圈圈画画，这样的先进设备确实为这节课增色不少。在解释"生命三角区"的形成时，陆老师这次没有用观看视频的方式，而是用了高低不一样的两块模型来演示，虽然没有起到预设的作用，但是对于学生的理解有一定的帮助。大家一直在思考的问题是怎样增加学生的活动，使这节课更加生动。

2012年,电脑一体机还是新兴产物,我们做了第一个吃螃蟹的试验者,把新媒体、新技术支撑下的课堂对外开放。从听课之后的反馈中,我们了解到新型设备及技术的运用吸引了很多专家和领导,引起了很大的轰动。同时我们发现了用新媒体教学的优势,便开始了更多的探索。

(三) 新平台的出现,促进教与学观念的转变

2013年学校参与了上海市教委教育信息化应用的重点项目,校园网站上新开辟了"学生自主学习"板块。学校成立了一支涵盖多门学科(包括自然学科)的研究队伍。

作为项目组成员,我尝试将组内"绿色阳台"的平台种植,与"学生自主学习"板块相结合,进行"土豆的能量是从哪里来的"这一信息技术与学科整合主题活动。

学生通过主题课堂资源学习,于板块上发表自己的所思所想,并将整理好的研究成果发布于学习平台上,引发更多同学的共鸣。

二、挑战:课题领衔,提炼学科特色

2012年随着上海市"创新实验室"被立项,实验室添置了12台电脑一体机。教研组商议决定,以创新实验室为主阵地,以区级课题"多元化作业"为引领,以长周期探究为抓手,以信息技术为支撑,以促进学生发展为目标,优化我们教研组的活动。我们立足课堂,延伸课外,将教学、教研相结合,经过一个阶段的尝试与探索,有了些许收获。

以信息技术与自然学科融合为特色,2015年教研组申报了"PhET虚拟实验与传统实验对接的行动研究"项目。该项目被列为2015年上海市教育信息技术应用研究项目及区一般课题。以课题为载体,我们进行了长达两年的项目研究。

(一) 区级培训,新媒体应用卷入更多教师

通过专题介绍、传统实验与PhET虚拟实验操作对比等形式,我们向区专职青年教师进行了PhET在线学习平台的使用培训,介绍了多种适合小学自然学科教学的PhET虚拟实验。

(二) 课例研究,梳理经验,逐步推广

围绕着项目,我们先后进行了多次课例研究,如"平衡""串并联电路""我们需要能量"。钱享栋老师执教的"平衡"三轮课,从组内教师研讨,到区级层面研讨,再到区级优秀教研组评选现场教研,一步步反思、实践、梳理,最终在区级优秀教研组的评选中获得了优异成绩。朱磊老师执教的"串并联电路",在2016年

区青年教师课堂教学能力比赛获得了二等奖的好成绩。

我们鼓励区里其他学校的青年教师一起参与实践。2015年徐泾小学樊蓉老师执教的"电路的控制"一课，利用PhET演示实验呈现不同电阻控制电流情况，效果清晰明显。这节课入选教育部及市级2015至2016年度"一师一优课"的"优课"。2016年5月初，嵩华小学赵一沛老师执教了"点亮小电珠"一课。在课堂中，赵老师在采用传统实验的同时通过虚拟实验电路的连接，帮助学生理解小电珠发光是因为形成了一条连通的电路。学生可以清楚地看到电路中的电流在流动。诸位教师均在使用虚拟平台的过程中获益。

(三) 拓展：创公众号，研究成果辐射更多人群，彰显教研组特色

2015年7月，佳禾小学教研组申请"爱实验"微信公众号，并开始推送发布信息。我们依托这个平台，指导教师、学生如何使用这一技术。暑假我们又以主题形式展开小实验与小制作推送。亲子参与，线上线下联动，学生成果第一时间展示，得到学校、教师和家长的认可。现"爱实验"微信公众号已经发展成为区小学自然学科的公众号，推送的内容更丰富。"亲子小实验""一页一世界""指尖上的花园""创意工坊"等都成为我们的经典板块。2017年暑假又新增了"说气象""萌宝探虫""爱多肉爱生活"等新栏目。涉及的范围越来越广，参与后台建设的人员越来越多。同时我们的"爱实验"微信公众号受到了更多人的关注。"爱实验"微信公众号在我们青浦区学科建设方面产生了积极的推动作用。

(四) 延伸：项目引领，新技术与学科有效融合，形成学校特色

学校的信息技术工作一直处于区领先地位，2015年2月学校成为区"协同学习"项目试点学校。2016年9月学校又成为区"轻学助手"评价项目的试点学校。同时学校信息技术分管领导工作调动，由我来接替分管信息技术及科技教育工作。在这一年的工作中，我们依然以"信息技术与学科有效融合"为抓手，从原来整合单一的自然学科转向整合更多的学科，由原来的几位教师转向一群不同学科的教师。

1. "协同学习"项目，技术与学科有效融合，改变学习方式

区"协同学习"项目，由原来的一个班级发展为四个班级，试点班级每个学生配备一台平板电脑，提供学习平台Aischool。我们依托移动端平板电脑和电子书包学习平台，以项目驱动，开展移动学习研究。

在项目的开展过程中，我们依然采用课例活动的形式，一次次磨课，充分发

挥设备、平台的真正作用,改变教师的教学模式,引导学生学习,让媒体与学科更好地融合。

自然学科教研组朱磊及英语学科王文娟两位教师在2017年"新媒体新技术应用"课例评选活动中获得了全国一等奖的优异成绩。专家组在这些全国一等奖的获得者中选取了129位教师在南昌现场说课。两位教师又在现场说课的比赛中取得了两个全国一等奖的优异成绩。比赛的成绩是对我们前期工作的一个肯定。相信经过努力我们的路会越走越远。

2."轻学助手"评价项目,技术跟进学生评价,记录成长痕迹

"基于课程标准的教学与评价"是我们近几年的工作重点。如何更好地做好学生评价工作,也是我们一直在思考的问题。

"轻学助手"评价项目引入以后,我们思考着利用技术、平台、设备,实时并客观地记录学生平时的表现(包括课堂表现、作业反馈、单元检测、各类竞赛等),或等级或评语或拍照或语音,留下学生成长的痕迹。2016年,我们启动项目,在全校的语数英课堂中进行了实践。从平台的大数据中,我们可以清楚看到学生在这个学期中的表现,也能看到教师的工作轨迹。在数据时代,通过平台数据的分析,我们可以了解很多信息。这为日后工作的更好开展提供了有利的依据。

在信息技术飞速发展的今天,技术改变了我们的生活方式,也同样会改变我们的教育。从课件的出现,到学校学习平台的建设,到学生人手一台平板电脑,学生在改变,作为教师的我们也必须要改变。在这个改变的过程中,我们始终以学生为主体,以课堂为主阵地,以课例活动为研究方式。这个过程也显现了教师个体、教研组团体以及学校整体的特色。

一个个鲜活的个例,证明了他们是青浦区小学自然学科团队中的佼佼者。令我欣慰的是,他们在理解学科本质之路上走得越来越远。从教师自身发展、指导青年教师成长和培育特色教研组等不同的侧面,我们可以看到他们的所思、所想及所为。徐剑兰老师做强自己的同时,带领瀚文小学团队在利用校园资源、做足长周期探究上苦心经营10年,打造出一个富有特色的区优秀教研组;陆志红老师和教研组的同事构建佳禾小学"学评一体"信息化教学的探索,无疑又闯出一条新路,打造了一个区优秀教研组;张定浩老师的"DI进课堂"和"啄木鸟行为实践",沈丽萍老师打破传统建课程带徒弟共成长,让更多的教师从他们身上感受到智慧。他们在为成就学生的明天、成就青年教师的未来奋进着。

从课例研究中走来,做进取、快乐的自然教师,是这群人的集体写照。因为他们,我感受着和伙伴共成长的力量。我们的座右铭是"想要走得远些,那就大家一同走"。

享受做幸福的教师,那就引导他们走上研究之路。这是教育前辈的心声,也是我们这代人的责任。

"学中思,走研究之路;传帮带,做他人嫁衣;出声响,创特色品牌"这一教师成长三步走的做法,是我跟每一位学科教师传递的一种教师成长路径。

对于 0 至 5 年教龄的教师,我希望他们习惯于在行动教育中不断地学习与反思,自觉研究学生和课堂;对于 6 年及以上教龄的经验教师,我希望他们在参与行动教育过程中历练自己,同时还可以发挥传帮带的作用,在研究之路上有更多的作为。出声响,是希望更多教师为学校和学科的创新与发展贡献力量。

后 记

我不止一遍问我们这群老师:"做课例研究让你觉得变化最大的是什么?"徐剑兰老师和沈丽萍老师说,现在不只是关注自己一个人的成长,更多了一份责任。陆春霞老师和陆志红老师说,可以感受到和徒弟一同成长的快乐,自己也更加自信了。许多老师说,喜欢我们这群人,喜欢我们的自然课,也开始关注自己班级里的学生在想什么了。

我观察到课堂的变化,也感受着老师的成长。从2009年5月至今,围绕课例研究的研修故事每天都在发生着。

回顾这一过程,我们参考"制造认知冲突—帮助建立关系—支持自觉行动"的技术路线,通过设计课程组织研修,借助问卷调查、访谈、案例学习中的互动体验,以课例研究为载体聚焦课堂改进,不断调整研修内容,分享、交流、研讨。这一过程,既强调对过去行动的反思,又强调对目前事件和问题的探究,是一个以建设性的方式透过经验进行学习的具体过程。

反思这一过程,我感到,在老师得到了很多的同时,指导者也颇有收获。如果说这一过程中,老师能够反思习以为常的教学行为,积极寻找问题根源的话,那么下面三点大概是发挥了关键作用的。

第一,创造倾听全体老师真实需求的情境。调研促使指导者与老师能基于课堂中的真实问题进行交流,且这种交流是在从混沌走向清晰的研修情境中进行的,是摸索前行的过程。

第二,经历从被动走向主动的研修过程。研修课程设计了一种能够调动全体老师积极性和提高他们认知能力的活动案例,把自主权交给老师,使他们能主动出击,亲自实践,参与观察和诊断。实践者和观察者都在反思改进自身,实现对自己行为的修正。

第三,基于证据进行决策以改进教研的方式。决策是由证据推动的。问卷得出的结论是设计课程的基础。学科教研的高质量源于正确的决策。依托学科教师研修基地,我们将以往的教研活动过程转化为基于课程的主题鲜明的研修过程。这一改变使得研修目标的达成度更加具体可测,方法与过程也更容易落实,并能够通过评价与反馈进行调整。

书稿中的素材部分由我本人撰写,部分由引领我专业成长的王洁博士、严加平老师提供,部分由青浦区小学自然学科团队伙伴提供。本书辑封中的插图由上海市佳信学校的张新娟老师提供。他们每一个人都是我坚强的后盾。在此一并表示感谢。

本书的出版得到了上海市师资培训中心"知新书系教师教育研究成果孵化项目"的资助。上海师范大学吴国平教授,上海市师资培训中心陈霞老师、杨兰老师,上海教育出版社宁彦锋老师、杜金丹老师等给予了书籍出版方面的专业指导。

这些年,我的师傅张颂奎老师、秦玉荷老师总是勉励我在学术上多钻研,两任自然学科市教研员姚晓春老师和赵伟新老师都在工作上给予我悉心的指导。赵伟新老师倾力相助,逐字逐句帮我修改本书每一章节的内容,不胜感激。从最初整理文稿到大幅度修改的 3 年多时间里,上海师范大学王洁博士、上海市教科院严加平老师多次向我提出修改建议,上海市青浦区教师进修学院院长姜虹、原课程研修中心主任李永元为我出谋划策。我的同事王美华老师、郭冬梅老师、张梅凤老师等常常问起书稿的进展,给我鼓励。

我的家人总是在默默关心着我。虽然父母和公婆年事已高,但他们总是理解我,乐意第一时间分享我在工作中取得的进步,让我十分欣慰。我的小姑全身心照顾公婆,使我和丈夫没有了后顾之忧,能够专心投入教学、研究和写作。2018 年 3 月,我和丈夫有幸被评为上海市教育系统"比翼双飞"模范佳侣。

感谢我的家人、导师、同事和伙伴们。因为你们,我才有了这样的勇气和坚持。因为你们,我才能享受成长路上的坚实和幸福。

由于本人能力有限,许多地方的表达还不够贴切,可能还存在这样或那样的问题,在此深表歉意。也希望文稿付梓时,能得到更多老师的批评和指正。

张 敏
2019 年 6 月于至善楼

图书在版编目（CIP）数据

学做课例研究 / 张敏著. — 上海:上海教育出版社, 2019.7
ISBN 978-7-5444-9194-5

Ⅰ.①学… Ⅱ.①张… Ⅲ.①科学知识－教学研究－小学
Ⅳ.①G623.62

中国版本图书馆CIP数据核字(2019)第112167号

总 策 划	刘 芳　宁彦锋	
责任编辑	杜金丹	
特约审读	冯 豪　王玉明	
封面设计	陈 芸	

学做课例研究
张　敏　著

出版发行　上海教育出版社有限公司
官　　网　www.seph.com.cn
地　　址　上海市永福路123号
邮　　编　200031
印　　刷　上海展强印刷有限公司
开　　本　700×1000　1/16　印张 14.25
字　　数　230 千字
版　　次　2019年7月第1版
印　　次　2019年7月第1次印刷
书　　号　ISBN 978-7-5444-9194-5/G·7584
定　　价　48.00 元

如发现质量问题，读者可向本社调换　电话：021-64377165